कृष्ण की भगवद्गीता

कृष्ण मुरारी सोनी

Made with ♥ on the Notion Press Platform
www.notionpress.com

ॐ शान्ताकारं भुजगशयनं पद्मनाभं सुरेशम् ।

विश्वाधारं गगनसदृशं मेघवर्णं शुभाङ्गम् ।

लक्ष्मीकान्तं कमलनयनं योगिभिर्ध्यानगम्यम् ।

वन्दे विष्णुं भवभयहरं सर्वलोकैकनाथम् ॥

मैं शांत स्वरूप वाले, शेषनाग पर विश्राम करने वाले, नाभि पर कमल धारण करने वाले, देवताओं के भगवान, भगवान विष्णु से प्रार्थना करता हूं। ब्रह्माण्ड को धारण करने वाले, आकाश के समान अनन्त, मेघवर्ण के सुन्दर शुभ शरीर वाले; देवी लक्ष्मी के पति, जिनकी आँखें कमल के समान हैं, जो ज्ञान और ध्यान के माध्यम से योगियों के लिए उपलब्ध हैं, भयानक भय को दूर करने वाले और सभी ब्रह्मांडों के भगवान हैं।

क्रम-सूची

प्रस्तावना

भगवद्गीता महाभारत युद्ध की शुरुआत के समय भगवान कृष्ण द्वारा अर्जुन को दिया गया एक प्रेरक भाषण है जो पांडव और कौरवों के बीच लड़ा गया था जिसमें उस काल के सभी महान राजाओं ने भाग लिया था। भगवान कृष्ण ने अर्जुन को कर्म, ज्ञान, त्याग, भक्ति और आत्म-साक्षात्कार के बारे में बताया। भगवान कृष्ण ने अर्जुन से कहा कि वह अपना कर्तव्य निभाए जो कि ब्रह्मांड के कल्याण के लिए किया जाने वाला एक पुण्य कार्य होना चाहिए और खुश रहने के लिए परिणाम भगवान पर छोड़ दें। संपूर्ण प्रवचन अठारह अध्यायों में है और प्रत्येक अध्याय अपनी विशिष्टता रखता है और सुखी जीवन जीने की सीख देता है। भगवद्गीता जीवन में दुःख, संकट और तनाव के बिना जीने का दर्शन है। यह व्यक्ति को आनंदमय जीवन जीना सिखाता है।

कृष्ण मुरारी सोनी
दिल्ली, भारत

आमुख

कुरु वंश में जन्मे शांतनु हस्तिनापुर के राजा थे। गंगा ने उनसे इस शर्त पर विवाह किया था कि वे उसकी गतिविधियों पर प्रश्न नहीं करेंगे। जब उसने अपने सात पुत्रों को अपने दिव्य स्थान पर भेजने के लिए गंगा नदी में विसर्जित कर दिया और आठवें को विसर्जित करने वाली थी, तो राजा शांतनु ने उससे ऐसा करने पर प्रश्न किया। इसके तुरंत बाद गंगा उस बच्चे को राजा शांतनु को सौंपकर अपने शाश्वत स्थान पर चली गईं, जिसका नाम बाद में देवव्रत रखा गया। देवव्रत एक आदर्श राजकुमार के रूप में बड़ा हुआ जो बहुत शक्तिशाली और दयालु था।

एक बार राजा शान्तनु शिकार के लिये यमुना नदी के पास जंगल में गये। वहां उन्होंने मत्स्य गंधा नाम की एक सुंदर स्त्री को देखा और उससे प्रेम करने लगे। उन्होंने उससे उसका ठिकाना पूछा। उसने उन्हें बताया कि वह मल्लाह समुदाय के प्रमुख निषाद राज की बेटी है। राजा शांतनु मत्स्य गंधा से विवाह का प्रस्ताव लेकर उनके पास गये। निषाद राज इस शर्त पर सहमत हुए कि केवल मत्स्य गंधा का पुत्र ही उनका उत्तराधिकारी होगा, देवव्रत नहीं। ऐसी शर्त सुनकर राजा निराश हो गए क्योंकि यह परंपरा के विरुद्ध था और साथ ही देवव्रत बहुत आज्ञाकारी और वीर राजकुमार थे। वे अपने महल में वापस आ गए किन्तु राजकीय गतिविधियों में कोई दिलचस्पी न दिखाते हुए उदास रहने लगे।

अपने पिता को उदास देखकर देवव्रत ने इसका कारण जानने का प्रयास किया। यह जानकर कि वे निषादराज से मिलकर उदास हैं, उनके पास गये। निषादराज ने उन्हें सारी बात बतायी। उनकी हालत सुनकर देवव्रत ने उन्हें हस्तिनापुर की राजगद्दी पर अपना अधिकार छोड़ने का वचन दिया, परन्तु निषाद राज ने भविष्य में उनके पुत्र के इस पर अधिकार करने पर संदेह जताया। तब देवव्रत ने आजीवन विवाह न करने की प्रतिज्ञा की। इसके बाद शांतनु ने मत्स्य गंधा से विवाह किया जो बाद में सत्यवती के नाम से जानी गयी। देवव्रत को बाद में भीष्म के नाम से जाना गया।

सत्यवती से राजा शांतनु को चित्रांगद और विचित्रवीर्य नाम के दो पुत्र हुए। शांतनु की मृत्यु के बाद चित्रांगद को राजा बनाया गया परन्तु विवाह से पहले ही उनकी मृत्यु हो गई। इसके बाद विचित्रवीर्य को राजा बनाया गया, जबकि भीष्म हस्तिनापुर की रक्षा करते रहे।

भीष्म अपने सौतेले भाई विचित्रवीर्य के साथ विवाह करने के लिए अंबा, अंबिका और अंबालिका नाम की तीन राजकुमारियों को काशी से लाए थे। उन्होंने अंबिका और अंबालिका से विवाह किया परन्तु अंबा से विवाह करने से मना कर दिया क्योंकि वह राजा शाल्व से विवाह करना चाहती थी। बाद में शाल्व ने भी उससे विवाह करने से मना कर दिया।

अम्बिका के धृतराष्ट्र नामक पुत्र थे। अम्बालिका का भी एक पुत्र था जिसका नाम पाण्डु था। इस प्रकार, धृतराष्ट्र विचित्रवीर्य के बड़े पुत्र थे। वह जन्म से अंधे थे जिसके कारण उनके छोटे भाई पांडु को हस्तिनापुर का राजा बनाया गया। परन्तु, पांडु की भी असामयिक मृत्यु

हो गई जिसके बाद धृतराष्ट्र को राजा बनाया गया।

पांडु का विवाह कुंती और मादी से हुआ था। विवाह के बाद कुंती को तीन पुत्र हुए जिनके नाम थे - युधिष्ठिर, भीम और अर्जुन तथा मादी के दो पुत्र हुए जिनके नाम नकुल और सहदेव थे। ये पांचों भाई पांडव कहलाये।

धृतराष्ट्र ने गांधारी से विवाह किया और उनके एक सौ पुत्र हुए, जो कौरव के नाम से प्रसिद्ध थे। दुर्योधन सबसे बड़ा था।

हालाँकि धृतराष्ट्र और पांडु भाई थे, परन्तु उन्होंने कभी सिंहासन के लिए लड़ाई नहीं की, परन्तु कौरव (धृतराष्ट्र के पुत्र) और पांडव (पांडु के पुत्र) दोनों की इस पर नज़र थी और बचपन से ही उनके बीच अच्छे संबंध नहीं थे।

जब पांडव और कौरव युवा थे, तो भीष्म ने द्रोण को अपना गुरु (आचार्य) नियुक्त किया, जिन्हें गुरु होने के कारण द्रोणाचार्य के नाम से जाना जाता था।

कुंती अर्जुन की मां थीं इसलिए अर्जुन को कौन्तेय भी कहा जाता है। उनका विवाह राजा द्रुपद की पुत्री द्रौपदी से हुआ। वह स्कूल के दिनों में द्रोणाचार्य के मित्र थे। एक बार द्रोणाचार्य आर्थिक प्राप्ति के लिए राजा द्रुपद के पास गए परन्तु द्रुपद ने यह कहकर उनका अपमान किया कि एक राजा और भिखारी कभी मित्र नहीं हो सकते। महाभारत युद्ध में द्रोणाचार्य कौरवों के पक्ष में थे जबकि द्रुपद और उनके पुत्र पांडवों के पक्ष में थे। अश्वत्थामा द्रोणाचार्य का पुत्र और अत्यंत शक्तिशाली था। वह दुर्योधन का मित्र बन गया और कौरवों की ओर से लड़ा।

राजा द्रुपद के ग्यारह पुत्र और एक पुत्री थी। उनके पुत्र सत्यजीत, धृष्टदुम्न, शिखंडी, उत्तमौजा, युधामन्यु, कुमार, वृक, पांचाल्य, सुरथ, शत्रुंजय और जन्मेजय और पुत्री द्रौपदी थे। शिखंडी का जन्म एक लड़की के रूप में हुआ था परन्तु बाद में उन्होंने अपना लिंग बदलकर पुरुष कर लिया। अर्जुन का विवाह द्रौपदी से हुआ। द्रौपदी के पांच पुत्र थे जिनके नाम प्रतिविन्ध्य (युधिष्ठिर से), सुतसोम (भीम से), श्रुतकर्मा (अर्जुन से), शतानीक (नकुल से) और श्रुतसेन (सहदेव से) थे। राजा द्रुपद का पुत्र धृष्टदुम्न भी द्रोणाचार्य का शिष्य था।

महाभारत युद्ध में उस काल के लगभग सभी राजाओं ने भाग लिया था।

कृष्ण द्वारका के राजा और पांडव और कौरव के रिश्तेदार थे। अर्जुन और दुर्योधन के अनुरोध पर उन्होंने दोनों की सहायता की। उन्होंने अपनी सेना दुर्योधन को दे दी और अर्जुन के अनुरोध पर स्वयं उसके साथ हो गए।

युद्ध में द्वारका के अधिकांश योद्धाओं ने भाग लिया। युयुधान, जिसे सात्यकि के नाम से भी जाना जाता है, पांडवों की ओर से और कृतवर्मा सहित अन्य योद्धा कौरवों की ओर से लड़े थे। भगवान कृष्ण ने अर्जुन के सारथी के रूप में युद्ध में भाग लिया जबकि उनके बड़े भाई बलराम ने भाग नहीं लिया।

कृष्ण का शिशुपाल नाम का एक रिश्तेदार था जो उन्हें पसंद नहीं करता था। महाभारत युद्ध से पहले उन्होंने कृष्ण से युद्ध किया था। धृष्टकेतु शिशुपाल का बड़ा पुत्र था और

पांडवों की ओर से लड़ा था।

नकुल का विवाह चेकितान की बहन से हुआ जो कैकेय साम्राज्य का राजा था। सैब्या चेकिताना का भाई था। उन्होंने भी पांडवों की ओर से युद्ध में भाग लिया था।

पुरुजीत और कुंतीभोज कुंती के भाई थे जिन्होंने युद्ध में पांडवों का पक्ष लिया था।

अर्जुन ने कृष्ण और बलराम की बहन सुभद्रा से भी विवाह किया। अभिमन्यु उनका पुत्र था। अभिमन्यु का विवाह राजा विराट की पुत्री उत्तरा से हुआ। विराट ने पांडवों की ओर से युद्ध में भाग लिया।

कर्ण का जन्म कुंती की शादी से पहले हुआ था इसलिए उन्होंने उसे (शिशु को) एक टोकरी में रखा और नदी में प्रवाहित कर दिया। शिशु, जिसका नाम कर्ण रखा गया, को बाद में हस्तिनापुर के सारथी अधिरथ ने बचाया था। अधिरथ और उनकी पत्नी राधा ने बच्चे का पालन-पोषण किया। कर्ण को अपने जन्म का खामियाजा जीवन भर भुगतना पड़ा, हालांकि वह एक महान योद्धा था। द्रौपदी ने अपने पिता द्वारा उसकी शादी के लिए आयोजित समारोह के दौरान उससे विवाह करने से इनकार कर दिया क्योंकि वह एक राजसी परिवार से नहीं था। उसके बल और पराक्रम को देखते हुए दुर्योधन ने उसे अपना मित्र बनाकर अंग देश का राजा बना दिया।

द्रोणाचार्य के गुरु बनने से पहले कृप हस्तिनापुर के परिषद सदस्य, गुरु (आचार्य) और हस्तिनापुर साम्राज्य के सैन्य प्रशिक्षक थे।

दुशासन और विकर्ण दुर्योधन के भाई थे। दुर्योधन की एक बहन थी जिसका नाम दुशाला था जिसका विवाह सिंधु के राजा जयद्रथ से हुआ था।

राजा सोमदत्त के पुत्र भूरिश्रवा बाहलिका के राजा थे और पांडव और कौरव के परिवार से थे। उसके पिता ने सात्यकि से प्रतिद्वंदिवता रखते हुए उससे युद्ध किया था। चूंकि सात्यकि पांडवों की ओर से लड़ रहे थे, इसलिए उन्होंने कौरवों का पक्ष लिया।

राजा शाल्व भी कौरवों के पक्ष में थे।

जब महाभारत युद्ध की घोषणा हुई तो धृतराष्ट्र ने महाभारत युद्ध का वर्णन करने के लिए संजय को अपना सलाहकार चुना क्योंकि दोनों ने युद्ध में भाग नहीं लिया था। संजय ने धृतराष्ट्र को भारत के आज के हरियाणा राज्य के कुरुक्षेत्र में हुए महाभारत युद्ध का सजीव वर्णन किया था।

भगवद्गीता महाभारत युद्ध शुरू होने से ठीक पहले अर्जुन को दिया गया भगवान कृष्ण का प्रवचन या प्रेरक भाषण है।

प्रस्तुत पुस्तक मूल, मेरी समझ अनुसार, श्रीमद्भगवद्गीता का अनुवाद है।

कृष्ण मुरारी सोनी

दिल्ली, भारत

dr.kmsoni@gmail.com

1

अर्जुन का दुःख योग

धृतराष्ट्र उवाच ।

धर्मक्षेत्रे कुरुक्षेत्रे समवेता युयुत्सवः ।

मामकाः पाण्डवाश्चैव किमकुर्वत सञ्जय ॥ १-१॥

धृतराष्ट्र बोले:

कुरुक्षेत्र के पवित्र स्थान पर एकत्र होकर युद्ध की इच्छा से मेरे पुत्र तथा पाण्डव क्या कर रहे हैं, संजय?

सञ्जय उवाच ।

दृष्ट्वा तु पाण्डवानीकं व्यूढं दुर्योधनस्तदा ।

आचार्यमुपसङ्गम्य राजा वचनमब्रवीत् ॥ १-२॥

संजय बोले:

उस समय दुर्योधन ने पांडवों की सेना को देखते हुए आचार्य (द्रोणाचार्य) के पास आकर राजा के ये वचन कहे।

पश्यैतां पाण्डुपुत्राणामाचार्य महतीं चमूम् ।

व्यूढां द्रुपदपुत्रेण तव शिष्येण धीमता ॥ १-३॥

आचार्य, आपके बुद्धिमान शिष्य द्रुपद के पुत्र (धृष्टदुम्न) द्वारा सैन्य संरचना में व्यवस्थित पांडवों की शक्तिशाली सेना को देखें।

अत्र शूरा महेष्वासा भीमार्जुनसमा युधि ।

युयुधानो विराटश्च द्रुपदश्च महारथः ॥ १-४॥

युद्ध में युयुधान, विराट और योद्धा द्रुपद की तुलना शक्तिशाली भीम और महान धनुर्धर अर्जुन से की जा सकती है।

धृष्टकेतुश्चेकितानः काशिराजश्च वीर्यवान् ।

पुरुजित्कुन्तिभोजश्च शैब्यश्च नरपुङ्गवः ॥ १-५॥

युधामन्युश्च विक्रान्त उत्तमौजाश्च वीर्यवान् ।

सौभद्रो द्रौपदेयाश्च सर्व एव महारथाः ॥ १-६॥

धृष्टकेतु, चेकितान, काशी के शक्तिशाली राजा, निडर पुरुजित और कुन्तिभोज, और कुलीन सैब्य, वीर युधामन्यु और शक्तिशाली उत्तमौजा, सुभद्रा के पुत्र (अभिमन्यु), और द्रौपदी के सभी पुत्र शक्तिशाली योद्धा हैं।

अस्माकं तु विशिष्टा ये तान्निबोध द्विजोत्तम ।

नायका मम सैन्यस्य संज्ञार्थं तान्ब्रवीमि ते ॥ १-७॥

हे पूज्य गुरु, अब मुझसे, हमारे विशेष योद्धाओं और मेरी सेना के प्रमुखों के बारे में जानें; मैं आपकी जानकारी के लिए उनके नाम बता रहा हूं।

भवान्भीष्मश्च कर्णश्च कृपश्च समितिञ्जयः ।

अश्वत्थामा विकर्णश्च सौमदत्तिस्तथैव च ॥ १-८॥

अन्ये च बहवः शूरा मदर्थे त्यक्तजीविताः ।

नानाशस्त्रप्रहरणाः सर्वे युद्धविशारदाः ॥ १-९॥

सदैव विजयी तथा सम्मानित, आप, भीष्म और कर्ण, कृप, अश्वत्थामा और विकर्ण, भूरिश्रवा और सिंधु के राजा जयद्रथ, और भी योद्धा अनेक प्रकार के अस्त्र-शस्त्रों से सुसज्जित, युद्धकला में निपुण अपने प्राणों की आहुति देने को तैयार हैं।

अपर्याप्तं तदस्माकं बलं भीष्माभिरक्षितम् ।

पर्याप्तं त्विदमेतेषां बलं भीमाभिरक्षितम् ॥ १-१०॥

भीष्म द्वारा संरक्षित हमारी सेना की शक्ति असीमित है जबकि भीम द्वारा सुरक्षित उनकी (पांडवों की) सेना की शक्ति सीमित है।

अयनेषु च सर्वेषु यथाभागमवस्थिताः ।

भीष्ममेवाभिरक्षन्तु भवन्तः सर्व एव हि ॥ १-११॥

फिर सभी को संबोधित करते हुए उन्होंने कहा: आप सभी को अपने रणनीतिक स्थानों पर रहकर भीष्म की सभी ओर से रक्षा करनी चाहिए।

तस्य सञ्जनयन्हर्षं कुरुवृद्धः पितामहः ।

सिंहनादं विनद्योच्चैः शङ्खं दध्मौ प्रतापवान् ॥ १-१२॥

तब उन्हें (दुर्योधन को) प्रसन्न करने के लिए वृद्ध कुरु पितामह (भीष्म) ने शेर की दहाड़ जैसी ध्वनि उत्पन्न करते हुए जोर से शंख बजाया।

ततः शङ्खाश्च भेर्यश्च पणवानकगोमुखाः ।

सहसैवाभ्यहन्यन्त स शब्दस्तुमुलोऽभवत् ॥ १-१३॥

इसके साथ ही अनेक शंख, बिगुल, तुरही, नगाड़े, गाय के मुख के आकार की तुरही जोर-जोर से बजने लगी।

ततः श्वेतैर्हयैर्युक्ते महति स्यन्दने स्थितौ ।

माधवः पाण्डवश्चैव दिव्यौ शङ्खौ प्रदध्मतुः ॥ १-१४॥

तब सफेद घोड़ों से जुते भव्य रथ पर बैठे कृष्ण और अर्जुन (पांडव) ने अपने दिव्य शंखों की ध्वनि के माध्यम से प्रतिक्रिया व्यक्त की।

पाञ्चजन्यं हृषीकेशो देवदत्तं धनञ्जयः ।
पौण्ड्रं दध्मौ महाशङ्खं भीमकर्मा वृकोदरः ॥ १-१५॥

अनन्तविजयं राजा कुन्तीपुत्रो युधिष्ठिरः ।
नकुलः सहदेवश्च सुघोषमणिपुष्पकौ ॥ १-१६॥

काश्यश्च परमेष्वासः शिखण्डी च महारथः ।
धृष्टद्युम्नो विराटश्च सात्यकिश्चापराजितः ॥ १-१७॥

द्रुपदो द्रौपदेयाश्च सर्वशः पृथिवीपते ।
सौभद्रश्च महाबाहुः शङ्खान्दध्मुः पृथक्पृथक् ॥ १-१८॥

तब अतुल्य शंख बजाए गए, कृष्ण द्वारा पांचजन्य, अर्जुन (धनंजय) द्वारा देवदत, भक्षक भीम द्वारा पौंड्र, कुंतीपुत्र राजा युधिष्ठिर द्वारा अनंतविजय, नकुल और सहदेव द्वारा सुघोष और मणिपुष्पक, और महान धनुर्धर काशी नरेश तथा योद्धा शिखंडी, धृष्टदुम्न और विराट, अपराजित सात्यकि, राजा द्रुपद, शक्तिशाली और सदैव विजेता द्रौपदी के पुत्र, और बड़ी भुजाओं वाले सुभद्रा के पुत्र (अभिमन्यु), सभी ने अलग-अलग शंख बजाए।

स घोषो धार्तराष्ट्राणां हृदयानि व्यदारयत् ।
नभश्च पृथिवीं चैव तुमुलोऽभ्यनुनादयन् ॥ १-१९॥

ज़मीन और हवा में ऐसी कोलाहलपूर्ण और गूँजती आवाज़ ने महान राष्ट्र के राजाओं के दिलों को चीर कर रख दिया।

अथ व्यवस्थितान्दृष्ट्वा धार्तराष्ट्रान् कपिध्वजः ।
प्रवृत्ते शस्त्रसम्पाते धनुरुद्यम्य पाण्डवः ॥ १-२०॥

अर्जुन उवाच ।

हृषीकेशं तदा वाक्यमिदमाह महीपते ।
सेनयोरुभयोर्मध्ये रथं स्थापय मेऽच्युत ॥ १-२१॥

यावदेतान्निरीक्षेऽहं योद्धुकामानवस्थितान् ।
कैर्मया सह योद्धव्यमस्मिन् रणसमुद्यमे ॥ १-२२॥

तभी, हनुमान के चित्रण वाले ध्वज से सुशोभित रथ पर बैठे अर्जुन, जो युद्ध के लिए तैयार हो रहे महान राष्ट्र के राजाओं को देखते हुए हथियार निकालने वाले थे, ने कृष्ण से ये शब्द कहे: हे राजन, रथ को सेनाओं के मध्य खड़ा करो जिससे मैं युद्ध की इच्छा से खड़े उन योद्धाओं का निरीक्षण कर सकूं जिनके साथ मुझे युद्ध लड़ना है।

योत्स्यमानानवेक्षेऽहं य एतेऽत्र समागताः ।
धार्तराष्ट्रस्य दुर्बुद्धेर्युद्धे प्रियचिकीर्षवः ॥ १-२३॥

मुझे युद्ध के लिए एकत्र हुए इस महान राष्ट्र के शुभचिंतकों और दुर्बुद्धि योद्धाओं को देखने दो।

सञ्जय उवाच ।

एवमुक्तो हृषीकेशो गुडाकेशेन भारत ।
सेनयोरुभयोर्मध्ये स्थापयित्वा रथोत्तमम् ॥ १-२४॥

भीष्मद्रोणप्रमुखतः सर्वेषां च महीक्षिताम् ।
उवाच पार्थ पश्यैतान्समवेतान्कुरूनिति ॥ १-२५॥

संजय ने कहा:

अर्जुन (भारत) की यह बात सुनकर श्रीकृष्ण (हृषिकेश) ने रथ को दोनों सेनाओं के मध्य खड़ा किया और कहा: अर्जुन (पार्थ), विशेष रूप से भीष्म और द्रोण तथा अन्य सभी राजाओं और कुरु वंश के सदस्यों पर एक दृष्टि डालें।

तत्रापश्यत्स्थितान्पार्थः पितृनथ पितामहान् ।
आचार्यान्मातुलान्भ्रातृन्पुत्रान्पौत्रान्सखींस्तथा ॥ १-२६॥

वहां से, अर्जुन (पार्थ) को पिता और दादा तुल्य बुजुर्ग, गुरु (आचार्य) और प्रशिक्षक, मामा, भाई, बेटे, पोते, दोस्त, दिखाई दे सकते थे ।

श्वशुरान्सुहृदश्चैव सेनयोरुभयोरपि ।
तान्समीक्ष्य स कौन्तेयः सर्वान्बन्धूनवस्थितान् ॥ १-२७॥

कृपया परयाविष्टो विषीदन्निदमब्रवीत् ।
दृष्ट्वेमं स्वजनं कृष्ण युयुत्सुं समुपस्थितम् ॥ १-२८॥

सीदन्ति मम गात्राणि मुखं च परिशुष्यति ।
वेपथुश्च शरीरे मे रोमहर्षश्च जायते ॥ १-२९॥

गाण्डीवं स्रंसते हस्तात्त्वक्चैव परिदह्यते ।
न च शक्नोम्यवस्थातुं भ्रमतीव च मे मनः ॥ १-३०॥

निमित्तानि च पश्यामि विपरीतानि केशव ।
न च श्रेयोऽनुपश्यामि हत्वा स्वजनमाहवे ॥ १-३१॥

दोनों सेनाओं में अर्जुन (कौन्तेय), ससुर और प्रियजन, अपने सभी स्वजनों को खड़े देखकर, करुणा से अभिभूत और दुःख से त्रस्त होकर बोलेः कृष्ण; यहाँ उपस्थित और युद्ध के लिए तैयार सभी रिश्तेदारों को देखते हुए, मेरे शरीर के अंग कमज़ोर हो रहे हैं और मुँह सूख रहा है। मेरा शरीर कांप रहा है और मेरा रोमांच ख़त्म हो गया है। गांडीव (अर्जुन का धनुष) मेरे हाथ से छूट रहा है, मेरा शरीर जल रहा है और मन अस्थिर है, और मैं शांत नहीं रह पा रहा हूं. मुझे स्वजनों की हत्या के प्रतिकूल लक्षण दिख रहे हैं। केशव (कृष्ण), मैं युद्ध में अपने रिश्तेदारों को मारने में कोई श्रेष्ठता नहीं देखता।

न काङ्क्षे विजयं कृष्ण न च राज्यं सुखानि च ।
किं नो राज्येन गोविन्द किं भोगैर्जीवितेन वा ॥ १-३२॥

येषामर्थे काङ्क्षितं नो राज्यं भोगाः सुखानि च ।
त इमेऽवस्थिता युद्धे प्राणांस्त्यक्त्वा धनानि च ॥ १-३३॥

हे कृष्ण, न तो मुझे विजय की इच्छा है, न राज्य भोगने की। राज्य का क्या मूल्य और जीवन में क्या आनंद, गोविंद (कृष्ण), किस प्रयोजन के लिए, राज्यसुख की कैसी इच्छा, कैसा सुख, जब ये युद्ध में उपस्थित होकर अपने प्राण और धन का त्याग करने को तैयार हैं?

आचार्याः पितरः पुत्रास्तथैव च पितामहाः ।
मातुलाः श्वशुराः पौत्राः श्यालाः सम्बन्धिनस्तथा ॥ १-३४॥
एतान्न हन्तुमिच्छामि घ्नतोऽपि मधुसूदन ।
अपि त्रैलोक्यराज्यस्य हेतोः किं नु महीकृते ॥ १-३५॥
निहत्य धार्तराष्ट्रान्नः का प्रीतिः स्याज्जनार्दन ।
पापमेवाश्रयेदस्मान्हत्वैतानाततायिनः ॥ १-३६॥

गुरु, दादा, पितातुल्य बुजुर्ग, मामा, ससुर, पोते, साले और अन्य रिश्तेदार, मधुसूदन (कृष्ण), भले ही वे मुझे मारना चाहते हों अथवा पृथ्वी के स्थान पर तीनों लोकों के राज्य के लिए, जनार्दन (कृष्ण), राष्ट्र के इन राजाओं को मारकर हमें कौन सा आनंद मिलेगा? इन अत्याचारियों को मारकर हम निश्चय ही पाप करेंगे।

तस्मान्नार्हा वयं हन्तुं धार्तराष्ट्रान्स्वबान्धवान् ।
स्वजनं हि कथं हत्वा सुखिनः स्याम माधव ॥ १-३७॥

इस राष्ट्र के राजाओं, अपने बन्धु-बान्धवों को मारकर हमें कौन-सा सुख मिलेगा, बताओ माधव (कृष्ण)।

यद्यप्येते न पश्यन्ति लोभोपहतचेतसः ।
कुलक्षयकृतं दोषं मित्रद्रोहे च पातकम् ॥ १-३८॥

यद्यपि लोभ के कारण वे कुल का नाश, मित्रों के साथ विश्वासघात तथा पापकर्म नहीं देखते।

कथं न ज्ञेयमस्माभिः पापादस्मान्निवर्तितुम् ।
कुलक्षयकृतं दोषं प्रपश्यद्भिर्जनार्दन ॥ १-३९॥

क्या हमें कुल-विनाश और मित्रों से विश्वासघात का अपराध समझकर पाप कर्म से विरत नहीं होना चाहिए, जनार्दन (कृष्ण)।

कुलक्षये प्रणश्यन्ति कुलधर्माः सनातनाः ।
धर्मे नष्टे कुलं कृत्स्नमधर्मोऽभिभवत्युत ॥ १-४०॥

परिवारों के मूल्य नष्ट होने से सम्पूर्ण समाज के मूल्य सदैव के लिए नष्ट हो जाते हैं; सामाजिक मूल्यों के नष्ट होने से समाज में अनैतिकता (अधर्म) का विकास होता है।

अधर्माभिभवात्कृष्ण प्रदुष्यन्ति कुलस्त्रियः ।
स्त्रीषु दुष्टासु वार्ष्णेय जायते वर्णसङ्करः ॥ १-४१॥

कृष्ण, जब अनाचार प्रबल होता है तो घरेलू महिलाएँ प्रदूषित हो जाती हैं; अनैतिक स्त्रियाँ विषाणु संतान के समान संतानों को जन्म देती हैं।

सङ्करो नरकायैव कुलघ्नानां कुलस्य च ।

पतन्ति पितरो ह्येषां लुप्तपिण्डोदकक्रियाः ॥ १-४२॥

ऐसे बच्चे घर-परिवार के नैतिक मूल्यों एवं पूर्वजों की परम्पराओं को नष्ट कर देते हैं; पितरों का तर्पण न करने से उनके पूर्वजों के मूल्यों में निश्चित रूप से गिरावट आती है।

दोषैरेतैः कुलघ्नानां वर्णसङ्करकारकैः।

उत्साद्यन्ते जातिधर्माः कुलधर्माश्च शाश्वताः ॥ १-४३॥

अनाचार से जन्म लेने वाली ऐसी अवांछनीय संतानें समाज के मूल्यों और पारंपरिक मूल्यों को पूरी तरह नष्ट कर देती हैं।

उत्सन्नकुलधर्माणां मनुष्याणां जनार्दन ।

नरके नियतं वासो भवतीत्यनुशुश्रुम ॥ १-४४॥

जनार्दन (कृष्ण), मैंने ज्ञानियों से सुना है कि पारिवारिक मूल्यों को नष्ट करने वाले ऐसे व्यक्ति सदैव नरक में निवास करते हैं।

अहो बत महत्पापं कर्तुं व्यवसिता वयम् ।

यद्राज्यसुखलोभेन हन्तुं स्वजनमुद्यताः ॥ १-४५॥

और देखो, हम राज्य भोगने के लोभ में अपने ही स्वजनों की हत्या कर ऐसे पाप कर्म में प्रवृत्त हो रहे हैं।

यदि मामप्रतीकारमशस्त्रं शस्त्रपाणयः ।

धार्तराष्ट्रा रणे हन्युस्तन्मे क्षेमतरं भवेत् ॥ १-४६॥

युद्ध में शामिल न होने पर भी मेरे निहत्थे अवस्था में इस राष्ट्र के राजाओं के हाथों मारा जाना ही श्रेयस्कर होगा।

सञ्जय उवाच ।

एवमुक्त्वार्जुनः सङ्ख्ये रथोपस्थ उपाविशत् ।

विसृज्य सशरं चापं शोकसंविग्नमानसः ॥ १-४७॥

संजय बोले:

यह कहकर अर्जुन धनुष-बाण एक ओर रखकर अत्यंत दुःख के साथ युद्धभूमि में रथ पर बैठ गये।

2

सांख्य योग

सञ्जय उवाच ।

तं तथा कृपयाविष्टमश्रुपूर्णाकुलेक्षणम् ।

विषीदन्तमिदं वाक्यमुवाच मधुसूदनः ॥ २-१॥

संजय बोलेः

तब कृष्ण (मधुसूदन) ने दुःखी अर्जुन से ये शब्द कहे जिनकी आँखों में मोहभंग के कारण आँसू थे।

श्रीभगवानुवाच ।

कुतस्त्वा कश्मलमिदं विषमे समुपस्थितम् ।

अनार्यजुष्टमस्वर्ग्यमकीर्तिकरमर्जुन ॥ २-२॥

श्री भगवान (कृष्ण) ने कहाः

हे अर्जुन, इस समय तुम्हारे अंदर ऐसा विरोधाभास कहां से प्रकट हो गया है, जो सम्मानीय व्यक्तियों द्वारा व्यवहार में नहीं लाया गया है, एवं तुम्हारी महिमा के अनुकूल नहीं है।

क्लैब्यं मा स्म गमः पार्थ नैतत्त्वय्युपपद्यते ।

क्षुद्रं हृदयदौर्बल्यं त्यक्त्वोत्तिष्ठ परन्तप ॥ २-३॥

अर्जुन (पार्थ), उस पुरुषत्व की ओर मत जाओ, जो तुम्हारे लिए अयोग्य है; अपने हृदय की दुर्बलता को त्यागकर उठो, परंतप (अर्जुन)।

अर्जुन उवाच ।

कथं भीष्ममहं सङ्ख्ये द्रोणं च मधुसूदन ।

इषुभिः प्रतियोत्स्यामि पूजार्हावरिसूदन ॥ २-४॥

अर्जुन बोलेः

कृष्ण (मधुसूदन), मैं भीष्म पितामह (भीष्म) और द्रोणाचार्य (द्रोण) पर युद्ध में बाणों से कैसे पलटवार कर सकता हूँ, जो पूजा के योग्य हैं, अरिसूदन (कृष्ण)।

गुरूनहत्वा हि महानुभावान् श्रेयो भोक्तुं भैक्ष्यमपीह लोके ।

हत्वार्थकामांस्तु गुरूनिहैव भुञ्जीय भोगान् रुधिरप्रदिग्धान् ॥ २-५॥

गुरु और बड़ों की हत्या करने से श्रेयस्कर है कि इस संसार में रहने के लिए भीख मांगी जाए क्योंकि धन का आनंद और अन्य महत्वाकांक्षी भौतिकवाद उनके खून से दूषित हो जाएंगे।

न चैतद्विद्मः कतरन्नो गरीयो यद्वा जयेम यदि वा नो जयेयुः ।

यानेव हत्वा न जिजीविषाम-स्तेऽवस्थिताः प्रमुखे धार्तराष्ट्राः ॥ २-६॥

यह भी नहीं मालूम कि हम उन पर भारी पड़ेंगे और जीतेंगे या वे जीतेंगे, परन्तु यहाँ इकट्ठे हुए इस राष्ट्र के राजाओं को मारकर हम जीवित नहीं रहना चाहेंगे।

कार्पण्यदोषोपहतस्वभावः पृच्छामि त्वां धर्मसम्मूढचेताः ।

यच्छ्रेयः स्यान्निश्चितं ब्रूहि तन्मे शिष्यस्तेऽहं शाधि मां त्वां प्रपन्नम् ॥ २-७॥

अब मेरा स्वभाव, धर्म को जानने की चाहत में अनुपस्थित विचारों से घिरा हुआ है। आपका शिष्य होने के नाते कृपया निश्चित रूप से बताएं और मार्गदर्शन करें कि मेरे लिए क्या अच्छा है?

न हि प्रपश्यामि ममापनुद्याद् यच्छोकमुच्छोषणमिन्द्रियाणाम् ।

अवाप्य भूमावसपत्नमृद्धं राज्यं सुराणामपि चाधिपत्यम् ॥ २-८॥

मुझे नहीं लगता कि शत्रुरहित धनवान राज्य अथवा देवताओं से भी श्रेष्ठ राज्य मिलने पर भी मेरा दुःख दूर हो जायेगा क्योंकि मेरी इन्द्रियाँ थक रहीं हैं।

सञ्जय उवाच ।

एवमुक्त्वा हृषीकेशं गुडाकेशः परन्तप ।

न योत्स्य इति गोविन्दमुक्त्वा तूष्णीं बभूव ह ॥ २-९॥

संजय बोलेः

इतना कहकर अर्जुन (गुडाकेश/परंतप) ने कृष्ण (हृषिकेश) से कहाः कृष्ण (गोविंद), मैं युद्ध नहीं करूंगा, और चुप हो गया।

तमुवाच हृषीकेशः प्रहसन्निव भारत ।

सेनयोरुभयोर्मध्ये विषीदन्तमिदं वचः ॥ २-१०॥

तब कृष्ण (हृषिकेश) ने सेनाओं के बीच में मुस्कुराते हुए दुखी अर्जुन से कहा।

श्रीभगवानुवाच ।

अशोच्यान्न्वशोचस्त्वं प्रज्ञावादांश्च भाषसे ।

गतासूनगतासूंश्च नानुशोचन्ति पण्डिताः ॥ २-११॥

श्री भगवान (कृष्ण) बोलेः

विद्वान् ज्ञानी (पंडित) जीवित अथवा मृत का विचार नहीं करते; आप ज्ञानियों की तरह बात कर रहे हैं, फिर भी उनके बारे में सोच रहे हैं जिनके बारे में आपको नहीं सोचना चाहिए।

न त्वेवाहं जातु नासं न त्वं नेमे जनाधिपाः ।

न चैव न भविष्यामः सर्वे वयमतः परम् ॥ २-१२॥

निश्चय ही, ऐसा कोई समय नहीं था जब तुम या मैं या ये सभी राजा नहीं थे; और भविष्य में ऐसा कोई समय नहीं होगा जब हम सब नहीं होंगे।

देहिनोऽस्मिन्यथा देहे कौमारं यौवनं जरा ।

तथा देहान्तरप्राप्तिर्धीरस्तत्र न मुह्यति ॥ २-१३॥

जैसे एक जीवित शरीर बचपन, जवानी और बुढ़ापे की अवस्थाओं में प्रवेश करता है; इसी प्रकार आत्मा (परमात्मा) का एक शरीर से दूसरे शरीर में प्रवास होता है, इसलिए बुद्धिमान लोग कभी भी इससे भ्रमित नहीं होते।

मात्रास्पर्शास्तु कौन्तेय शीतोष्णसुखदुःखदाः ।

आगमापायिनोऽनित्यास्तांस्तितिक्षस्व भारत ॥ २-१४॥

हे अर्जुन (कौन्तेय), इन्द्रियाँ और इन्द्रिय विषय सर्दी, गर्मी, सुख और दुःख का अनुभव करते हैं जो अस्थायी, प्रकट और लुप्त हो जाते हैं, उन्हें स्वीकार करें।

यं हि न व्यथयन्त्येते पुरुषं पुरुषर्षभ ।

समदुःखसुखं धीरं सोऽमृतत्वाय कल्पते ॥ २-१५॥

न तो जीवितों में अमरता है और न ही मृत्यु। इस प्रकार ज्ञानीजन सुख-दुःख में समभाव रखकर नश्वरता को समझते हैं।

नासतो विद्यते भावो नाभावो विद्यते सतः ।

उभयोरपि दृष्टोऽन्तस्त्वनयोस्तत्त्वदर्शिभिः ॥ २-१६॥

जानो, न सत्य अदृश्य है, न दृश्य अंतिम सत्य है; सभी जीवों का शरीर नश्वर है तथा उनकी आत्मा अविनाशी है।

अविनाशि तु तद्विद्धि येन सर्वमिदं ततम् ।

विनाशमव्ययस्यास्य न कश्चित्कर्तुमर्हति ॥ २-१७॥

उस अविनाशी आत्मा को जानो जिससे यह सम्पूर्ण शरीर अस्तित्व में है; अविनाशी आत्मा को कोई नष्ट नहीं कर सकता।

अन्तवन्त इमे देहा नित्यस्योक्ताः शरीरिणः ।

अनाशिनोऽप्रमेयस्य तस्माद्युध्यस्व भारत ॥ २-१८॥

देहधारी आत्मा शाश्वत, अविनाशी है और अच्छी तरह से समझी नहीं गई है। शरीर नष्ट हो जाता है इसलिए युद्ध करो, अर्जुन ।

य एनं वेत्ति हन्तारं यश्चैनं मन्यते हतम् ।

उभौ तौ न विजानीतो नायं हन्ति न हन्यते ॥ २-१९॥

एक सोच, आत्मा किसी को मार रही है या दूसरी सोच, आत्मा मारी जाती है, ये दोनों अज्ञानियों की हैं क्योंकि न तो आत्मा मारती है और न ही मारी जाती है।

न जायते म्रियते वा कदाचिन् नायं भूत्वा भविता वा न भूयः ।

अजो नित्यः शाश्वतोऽयं पुराणो न हन्यते हन्यमाने शरीरे ॥ २-२०॥

आत्मा न तो कभी जन्म लेती है और न ही कभी मरती है। ऐसा न पहले कभी हुआ, न कभी होगा। आत्मा शाश्वत, अविनाशी है और शरीर के नष्ट होने से कभी नष्ट नहीं होती।

वेदाविनाशिनं नित्यं य एनमजमव्ययम् ।

कथं स पुरुषः पार्थ कं घातयति हन्ति कम् ॥ २-२१॥

जो आत्मा को अनादि, अजन्मा, विघटित न होने वाला और अविनाशी जानता है; अर्जुन (पार्थ), वह किसी भी आत्मा को कैसे हानि पहुंचा सकता है या मार सकता है?

वासांसि जीर्णानि यथा विहाय नवानि गृह्णाति नरोऽपराणि ।

तथा शरीराणि विहाय जीर्णा न्यन्यानि संयाति नवानि देही ॥ २-२२॥

जिस प्रकार एक व्यक्ति पुराने और घिसे-फटे वस्त्रों को त्यागने के लिए नए वस्त्र धारण करता है, उसी प्रकार देहधारी आत्मा नया (शरीर) प्राप्त करने के लिए पुराने और जीर्ण-शीर्ण शरीर को त्याग देती है।

नैनं छिन्दन्ति शस्त्राणि नैनं दहति पावकः ।

न चैनं क्लेदयन्त्यापो न शोषयति मारुतः ॥ २-२३॥

आत्मा को न तो शस्त्र घायल कर सकते हैं, न अग्नि जला सकती है, न जल गीला कर सकता है और न वायु सुखा सकती है।

अच्छेद्योऽयमदाह्योऽयमक्लेद्योऽशोष्य एव च ।

नित्यः सर्वगतः स्थाणुरचलोऽयं सनातनः ॥ २-२४॥

आत्मा अभेद्य, अजेय, अघुलनशील, अशोष्य (न सोखने वाली) और शाश्वत है, हर जगह घूमने में सक्षम है, अडिग, अपरिवर्तनीय और चिरस्थायीहै।

अव्यक्तोऽयमचिन्त्योऽयमविकार्योऽयमुच्यते ।

तस्मादेवं विदित्वैनं नानुशोचितुमर्हसि ॥ २-२५॥

आत्मा को व्यक्त नहीं किया जा सकता, उसका चिंतन नहीं किया जा सकता और उसे मौन नहीं किया जा सकता, इसलिए उसे जानते हुए भी उसके लिए शोक करना तुम्हारे लिए अनुचित है।

अथ चैनं नित्यजातं नित्यं वा मन्यसे मृतम् ।

तथापि त्वं महाबाहो नैवं शोचितुमर्हसि ॥ २-२६॥

अर्जुन (महाबाहो), यदि तुम यह भी मानते हो कि मनुष्य सदैव जन्म लेता है और मरता है, तो भी तुम्हें शोक नहीं करना चाहिए।

जातस्य हि ध्रुवो मृत्युर्ध्रुवं जन्म मृतस्य च ।

तस्मादपरिहार्येऽर्थे न त्वं शोचितुमर्हसि ॥ २-२७॥

जिसने जन्म लिया है उसकी मृत्यु निश्चित है और मृत्यु के बाद जन्म भी निश्चित है। अतः आपको अपरिहार्य परिस्थितियों से दुःखी नहीं होना चाहिए।

अव्यक्तादीनि भूतानि व्यक्तमध्यानि भारत ।

अव्यक्तनिधनान्येव तत्र का परिदेवना ॥ २-२८॥

अर्जुन (भारत), जन्म से पहले और मृत्यु के बाद की घटनाएँ अज्ञात हैं, ज्ञात केवल दोनों के बीच की हैं। अतः अज्ञात के लिये दुःख का कोई कारण नहीं है।

आश्चर्यवत्पश्यति कश्चिदेन माश्चर्यवद्वदति तथैव चान्यः ।

आश्चर्यवच्चैनमन्यः शृणोति श्रुत्वाप्येनं वेद न चैव कश्चित् ॥ २-२९॥

कोई आत्मा को अद्भुत देखता है, कोई अद्भुत बताता है, कोई अद्भुत सुनता है और किसी को अभी भी उसका ज्ञान नहीं है।

देही नित्यमवध्योऽयं देहे सर्वस्य भारत ।

तस्मात्सर्वाणि भूतानि न त्वं शोचितुमर्हसि ॥ २-३०॥

हे अर्जुन (भारत), शाश्वत आत्मा हर जीव के शरीर के भीतर है और अमर आत्मा के लिए तुम्हें शोक नहीं करना चाहिए।

स्वधर्ममपि चावेक्ष्य न विकम्पितुमर्हसि ।

धर्म्याद्धि युद्धाच्छ्रेयोऽन्यत्क्षत्रियस्य न विद्यते ॥ २-३१॥

तुम्हें अपने स्वाभाविक कर्तव्य को जानकर कांपना नहीं चाहिए, युद्ध में लड़ना क्षत्रिय के स्वाभाविक कर्तव्य के अनुरूप है।

यदृच्छया चोपपन्नं स्वर्गद्वारमपावृतम् ।

सुखिनः क्षत्रियाः पार्थ लभन्ते युद्धमीदृशम् ॥ २-३२॥

अर्जुन (पार्थ), क्षत्रिय इस तरह के थोपे गए युद्ध से लाभान्वित होकर खुश हो जाते हैं क्योंकि इससे उनके लिए स्वर्ग के दरवाजे खुल जाते हैं।

अथ चेत्त्वमिमं धर्म्यं सङ्ग्रामं न करिष्यसि ।

ततः स्वधर्मं कीर्तिं च हित्वा पापमवाप्स्यसि ॥ २-३३॥

यदि तुम नैतिक युद्ध नहीं लड़ोगे तो अपनी प्रसिद्धि खो दोगे और अपना स्वाभाविक कर्तव्य छोड़कर पाप कर्म के भागी बनोगे।

अकीर्तिं चापि भूतानि कथयिष्यन्ति तेऽव्ययाम् ।

सम्भावितस्य चाकीर्तिर्मरणादतिरिच्यते ॥ २-३४॥

और लोग तुम्हारी कुख्याति (अपयश) के बारे में सदैव चर्चा करते रहेंगे, और शायद किसी प्रसिद्ध व्यक्ति के लिए यह मृत्यु से भी कष्टप्रद है।

भयाद्रणादुपरतं मंस्यन्ते त्वां महारथाः ।

येषां च त्वं बहुमतो भूत्वा यास्यसि लाघवम् ॥ २-३५॥

योद्धा लोग डर के मारे युद्ध से भागने के कारण तुम्हें स्मरण रखेंगे; वही योद्धा जो इस समय तुम्हें बड़ा आदर देते हैं, तुम्हें अपमानित करेंगे।

अवाच्यवादांश्च बहून्वदिष्यन्ति तवाहिताः ।

निन्दन्तस्तव सामर्थ्यं ततो दुःखतरं नु किम् ॥ २-३६॥

आपके शत्रु अनेक निन्दनीय और अपमानजनक शब्द बोलेंगे, अफसोस (दुख की बात है), आपके पराक्रम के लिए इससे अधिक दुःखदायी बात और क्या हो सकती है?

हतो वा प्राप्स्यसि स्वर्गं जित्वा वा भोक्ष्यसे महीम् ।

तस्मादुत्तिष्ठ कौन्तेय युद्धाय कृतनिश्चयः ॥ २-३७॥

मारे जाने पर तुम स्वर्ग जाओगे और विजयी होने पर राज्य का आनंद लोगे, इसलिए अर्जुन (कौन्तेय), उठो और दृढ़ संकल्प के साथ युद्ध लड़ो।

सुखदुःखे समे कृत्वा लाभालाभौ जयाजयौ ।

ततो युद्धाय युज्यस्व नैवं पापमवाप्स्यसि ॥ २-३८॥

सुख-दुःख, लाभ-हानि, जय-पराजय में समभाव रखने से पाप कर्म नहीं होता इसलिए युद्ध करो।

एषा तेऽभिहिता साङ्ख्ये बुद्धिर्योगे त्विमां शृणु ।

बुद्ध्या युक्तो यया पार्थ कर्मबन्धं प्रहास्यसि ॥ २-३९॥

अर्जुन (पार्थ), तुमने आत्मा और शरीर के योग (एकता) के बारे में सुना, अब मैं कर्मयोग (कर्म और ज्ञान की एकता) की व्याख्या करूंगा, जिससे तुम फल की इच्छा किए बिना कर्म (निर्धारित कर्म) कर सकोगे।

नेहाभिक्रमनाशोऽस्ति प्रत्यवायो न विद्यते ।

स्वल्पमप्यस्य धर्मस्य त्रायते महतो भयात् ॥ २-४०॥

इस योग में कर्म करने का कोई भी प्रयास व्यर्थ नहीं जाता है, परिणाम कम नहीं होता है और किए गए पुण्य कर्म का थोड़ा सा प्रयास भी बड़े भय से बचाता है।

व्यवसायात्मिका बुद्धिरेकेह कुरुनन्दन ।

बहुशाखा ह्यनन्ताश्च बुद्धयोऽव्यवसायिनाम् ॥ २-४१॥n

अर्जुन (कुरुनंदन), यह ज्ञान अद्वितीय है परन्तु कई भौतिक इच्छाओं के कारण कई विविध शाखाओं में परिणत होता है।

यामिमां पुष्पितां वाचं प्रवदन्त्यविपश्चितः ।

वेदवादरताः पार्थ नान्यदस्तीति वादिनः ॥ २-४२॥

अर्जुन (पार्थ), जिनके पास अपर्याप्त ज्ञान है, वे भौतिक इच्छाओं और जीवन में कर्म करने के परिणाम के बीच कोई संबंध (सिद्धांत) नहीं होने की बात करते हैं,

कामात्मानः स्वर्गपरा जन्मकर्मफलप्रदाम् ।

क्रियाविशेषबहुलां भोगैश्वर्यगतिं प्रति ॥ २-४३॥

उनका लक्ष्य अपनी शारीरिक विलासितापूर्ण इच्छाओं को पूरा करना और अपनी इंद्रियों को प्रसन्न करने वाली शक्ति और विकास से संबंधित इच्छाओं को पूरा करना है, और तदनुसार कार्य करना है।

भोगैश्वर्यप्रसक्तानां तयापहृतचेतसाम् ।

व्यवसायात्मिका बुद्धिः समाधौ न विधीयते ॥ २-४४॥

इंद्रियों को प्रसन्न करने की भौतिक इच्छाएं चेतना का अपहरण कर लेती हैं और फिर मन ज्ञान पर ध्यान केंद्रित नहीं करता है।

त्रैगुण्यविषया वेदा निस्त्रैगुण्यो भवार्जुन ।

निर्द्वन्द्वो नित्यसत्त्वस्थो निर्योगक्षेम आत्मवान् ॥ २-४५॥

अर्जुन, योगिक (दिव्य) ज्ञान तीन विषयों से संबंधित है - द्वंद्व से मुक्ति, संचय से मुक्ति, और आत्म-साक्षात्कार प्राप्त करने के लिए पुण्य अवस्था में निरंतर संलग्न रहना।

यावानर्थ उदपाने सर्वतः सम्प्लुतोदके ।

तावान्सर्वेषु वेदेषु ब्राह्मणस्य विजानतः ॥ २-४६॥

जैसे एक बर्तन का पानी विशाल झील में समाहित हो जाता है, उसी प्रकार व्यक्तियों का ज्ञान योगिक (दिव्य) ज्ञान में समाहित हो जाता है।

कर्मण्येवाधिकारस्ते मा फलेषु कदाचन ।

मा कर्मफलहेतुर्भूर्मा ते सङ्गोऽस्त्वकर्मणि ॥ २-४७॥

तुम्हें कर्म करने का अधिकार अवश्य है, परंतु उसके परिणाम पर नहीं, इसलिए अपने कर्म के परिणाम से मोह मत रखो।

योगस्थः कुरु कर्माणि सङ्गं त्यक्त्वा धनञ्जय ।

सिद्ध्यसिद्ध्योः समो भूत्वा समत्वं योग उच्यते ॥ २-४८॥

अर्जुन (धनंजय), अपने ज्ञान का उपयोग करते हुए, परिणाममें अनासक्त रहकर अपना कर्तव्य (कर्म) करो। ज्ञानी, योग के अनुसार सफलता और विफलता के दौरान समता का पालन करते हैं।

दूरेण ह्यवरं कर्म बुद्धियोगाद्धनञ्जय ।

बुद्धौ शरणमन्विच्छ कृपणाः फलहेतवः ॥ २-४९॥

अर्जुन (धनंजय), कर्म और ज्ञान के योग से, अज्ञानता निश्चित रूप से दूर हो जाती है क्योंकि ज्ञान नकारात्मकता को नष्ट कर देता है।

बुद्धियुक्तो जहातीह उभे सुकृतदुष्कृते ।

तस्माद्योगाय युज्यस्व योगः कर्मसु कौशलम् ॥ २-५०॥

सद्कर्म (सुकर्म) के साथ संयुक्त ज्ञान, द्वंद्व से छुटकारा दिलाता है इसलिए ज्ञान के साथ मिलकर अपना कर्तव्य पूरी निष्ठा (लगन) से निभाएं।

कर्मजं बुद्धियुक्ता हि फलं त्यक्त्वा मनीषिणः ।

जन्मबन्धविनिर्मुक्ताः पदं गच्छन्त्यनामयम् ॥ २-५१॥

बुद्धिमान ज्ञान और पुण्य कर्म का संयोजन करते हुए, इसके परिणाम की इच्छा से अनासक्त होकर, खुद को जन्म और मृत्यु की कैद (भय) से मुक्त करते हैं, शांति की स्थिति यानी आत्म-साक्षात्कार प्राप्त करते हैं।

यदा ते मोहकलिलं बुद्धिर्व्यतितरिष्यति ।

तदा गन्तासि निर्वेदं श्रोतव्यस्य श्रुतस्य च ॥ २-५२॥

तब ज्ञान भ्रम पर विजय पा लेता है, और उनकी अवस्था अर्जित या प्राप्त किये जाने वाले ज्ञान से ऊपर हो जायेगी।

श्रुतिविप्रतिपन्ना ते यदा स्थास्यति निश्चला ।

समाधावचला बुद्धिस्तदा योगमवाप्स्यसि ॥ २-५३॥

जब तुम ज्ञान की एकता और पुण्य कर्म करने की स्थिति (आत्म-साक्षात्कार) प्राप्त कर लोगे, तो तुम प्रतिकूलताओं से अप्रभावित रहोगे।

अर्जुन उवाच ।

स्थितप्रज्ञस्य का भाषा समाधिस्थस्य केशव ।

स्थितधीः किं प्रभाषेत किमासीत व्रजेत किम् ॥ २-५४॥

अर्जुन ने कहा:

कृष्ण (केशव), पूर्णता को प्राप्त हुआ आत्मज्ञानी कैसे बोलता, बैठता, चलता और प्रतिक्रिया करता है?

श्रीभगवानुवाच ।

प्रजहाति यदा कामान्सर्वान्पार्थ मनोगतान् ।

आत्मन्येवात्मना तुष्टः स्थितप्रज्ञस्तदोच्यते ॥ २-५५॥

श्री भगवान (कृष्ण) बोले:

जो व्यक्ति इंद्रियों को तृप्त करने की सभी इच्छाओं को त्याग देता है, मन से त्याग देता है, भीतर से संतुष्ट रहता है, उसे आत्म-साक्षात्कारी कहा जाता है।

दुःखेष्वनुद्विग्नमनाः सुखेषु विगतस्पृहः ।

वीतरागभयक्रोधः स्थितधीर्मुनिरुच्यते ॥ २-५६॥

वह व्यक्ति दुःख से विक्षुब्ध (परेशान) नहीं होता, सुख के दौरान उसकी कोई भौतिक इच्छा नहीं होती, आत्म-साक्षात्कार के दौरान वह मोह, भय और क्रोध से मुक्त होता है।

यः सर्वत्रानभिस्नेहस्तत्तत्प्राप्य शुभाशुभम् ।

नाभिनन्दति न द्वेष्टि तस्य प्रज्ञा प्रतिष्ठिता ॥ २-५७॥

जो सभी को पसंद करता है, समभाव रखता है, शुभ और अशुभ स्थिति में न तो प्रसन्न होता है और न ही दुखी होता है, वह आत्म-साक्षात्कार की स्थिति में है।

यदा संहरते चायं कूर्मोऽङ्गानीव सर्वशः ।

इन्द्रियाणीन्द्रियार्थेभ्यस्तस्य प्रज्ञा प्रतिष्ठिता ॥ २-५८॥

जैसे कछुआ अपनी इच्छा के अनुसार अपने अंगों को पूरी तरह से हटा लेता है, उसी प्रकार ज्ञानी आत्म-साक्षात्कार प्राप्त करने के बाद इंद्रिय तृप्ति से हट जाता है।

विषया विनिवर्तन्ते निराहारस्य देहिनः ।

रसवर्ज रसोऽप्यस्य परं दृष्ट्वा निवर्तते ॥ २-५९॥

इन्द्रियों को वश में करने पर भी भोग का स्वाद आता है। व्यक्ति इंद्रिय संतुष्टि को त्याग देता है और आत्म-साक्षात्कार की स्थिति की अवधि में समय प्रसन्न रहता है।

यततो ह्यपि कौन्तेय पुरुषस्य विपश्चितः ।

इन्द्रियाणि प्रमाथीनि हरन्ति प्रसभं मनः ॥ २-६०॥

अर्जुन (कौन्तेय), इंद्रियाँ अत्यधिक प्रभावशाली हैं, वे एक विद्वान व्यक्ति के मन पर भी बलपूर्वक कब्ज़ा करने में सक्षम हैं। आत्म-साक्षात्कार की अवधि में सद्विचारों से परिपूर्ण मन द्वारा इन्द्रियाँ पूर्णतया नियंत्रित होती हैं।

तानि सर्वाणि संयम्य युक्त आसीत मत्परः ।

वशे हि यस्येन्द्रियाणि तस्य प्रज्ञा प्रतिष्ठिता ॥ २-६१॥

वे सभी मन पर संयम रखकर, सभी इंद्रियों को वश में कर अपने ज्ञान (बुद्धि) को स्थापित करते हैं।

ध्यायतो विषयान्पुंसः सङ्गस्तेषूपजायते ।

सङ्गात्सञ्जायते कामः कामात्क्रोधोऽभिजायते ॥ २-६२॥

इन्द्रियतृप्ति में लीन रहने से इन्द्रियों के प्रति आसक्ति उत्पन्न होती है। इंद्रियों के प्रति आसक्ति इच्छाएं उत्पन्न करती है, इच्छाएं (अतृप्त) क्रोध उत्पन्न करती हैं,

क्रोधाद्भवति सम्मोहः सम्मोहात्स्मृतिविभ्रमः ।

स्मृतिभ्रंशाद् बुद्धिनाशो बुद्धिनाशात्प्रणश्यति ॥ २-६३॥

क्रोध से भ्रम पैदा होता है, भ्रम से गुणों का नाश होता है, गुणों के मोह से बुद्धि नष्ट हो जाती है और बुद्धि के नष्ट होने से ज्ञान नष्ट हो जाता है।

रागद्वेषविमुक्तैस्तु विषयानिन्द्रियैश्चरन् ।

आत्मवश्यैर्विधेयात्मा प्रसादमधिगच्छति ॥ २-६४॥

राग-द्वेष से मुक्त, इंद्रियों को संयम में रखने वाले ऐसे व्यक्ति को दैवीय कृपा प्राप्त होती है।

प्रसादे सर्वदुःखानां हानिरस्योपजायते ।

प्रसन्नचेतसो ह्याशु बुद्धिः पर्यवतिष्ठते ॥ २-६५॥

दैवीय कृपा सभी दुःख समाप्त करती है और प्रसन्नता पैदा करती है, आंतरिक आत्म की दिव्य कृपा प्राप्त करने से व्यक्ति का ज्ञान स्थापित होता है।

नास्ति बुद्धिरयुक्तस्य न चायुक्तस्य भावना ।

न चाभावयतः शान्तिरशान्तस्य कुतः सुखम् ॥ २-६६॥

ज्ञान के बिना और भौतिक इच्छाओं पर नियंत्रण के बिना व्यक्ति को शांति नहीं मिल सकती। शांति के बिना किसी को सुख कैसे मिल सकता है?

इन्द्रियाणां हि चरतां यन्मनोऽनुविधीयते ।

तदस्य हरति प्रज्ञां वायुर्नावमिवाम्भसि ॥ २-६७॥

इन्द्रियों की तृप्ति में लिप्त मन बुद्धि का उसी प्रकार अपहरण कर लेता है, जैसे तेज हवा नाव को उड़ा ले जाती है।

तस्माद्यस्य महाबाहो निगृहीतानि सर्वशः ।

इन्द्रियाणीन्द्रियार्थेभ्यस्तस्य प्रज्ञा प्रतिष्ठिता ॥ २-६८॥

अतः अर्जुन (महाबाहो); इंद्रिय संतुष्टि से पूरी तरह दूर रहना ज्ञान की स्थापना (आत्म-साक्षात्कार) को दर्शाता है।

या निशा सर्वभूतानां तस्यां जागर्ति संयमी ।

यस्यां जाग्रति भूतानि सा निशा पश्यतो मुनेः ॥ २-६९॥

जब अन्य लोग अज्ञानता के कारण इन्द्रियतृप्ति में संलग्न होते हैं, तब भी आत्म-नियंत्रित व्यक्ति इन्द्रियों को वश में करने का मार्ग अपनाता है और जब अन्य लोग जागृति के कारण इन्द्रियों को वश में करने के लिए आगे बढ़ते हैं, तो संयमित मन वाला व्यक्ति रात की तरह आराम करते हुए देखा जाता है।

आपूर्यमाणमचलप्रतिष्ठं समुद्रमापः प्रविशन्ति यद्वत् ।

तद्वत्कामा यं प्रविशन्ति सर्वे स शान्तिमाप्नोति न कामकामी ॥ २-७०॥

इंद्रियों पर नियंत्रण रखने वाला व्यक्ति प्रबल भौतिक इच्छाओं वाले लोगों से मिलकर भी स्थिर और शांत रहता है, जैसे नदियों के प्रवेश करने पर गहरा समुद्र अप्रभावित रहता है।

विहाय कामान्यः सर्वान्पुमांश्चरति निःस्पृहः ।

निर्ममो निरहङ्कारः स शान्तिमधिगच्छति ॥ २-७१॥

आत्म-साक्षात्कार की अवधि में व्यक्ति सभी भौतिक इच्छाओं, मोह और अहंकार को त्यागकर शांतिपूर्ण जीवन व्यतीत करता है।

एषा ब्राह्मी स्थितिः पार्थ नैनां प्राप्य विमुह्यति ।

स्थित्वास्यामन्तकालेऽपि ब्रह्मनिर्वाणमृच्छति ॥ २-७२॥

अर्जुन (पार्थ), आत्म-साक्षात्कार की स्थिति प्राप्त करने वाला व्यक्ति मृत्यु के समय भी स्थिरता से विचलित नहीं होता है, और सुख और दुख (जन्म और मृत्यु) के चक्र से मुक्ति प्राप्त करता है।

3

कर्मयोग

अर्जुन उवाच ।

ज्यायसी चेत्कर्मणस्ते मता बुद्धिर्जनार्दन ।

तत्किं कर्मणि घोरे मां नियोजयसि केशव ॥ ३-१॥

अर्जुन बोलेः

यदि ज्ञान, कर्म करने से श्रेष्ठ है, तो तुम मुझे कष्टदायक कर्म में क्यों लगा रहे हो, केशव?

व्यामिश्रेणेव वाक्येन बुद्धिं मोहयसीव मे ।

तदेकं वद निश्चित्य येन श्रेयोऽहमाप्नुयाम् ॥ ३-२॥

आपकी बातें सुनकर मेरी बुद्धि निश्चय ही भ्रमित हो रही है अतः मेरे हित के लिये निश्चित निष्कर्ष बताइये।

श्रीभगवानुवाच ।

लोकेऽस्मिन् द्विविधा निष्ठा पुरा प्रोक्ता मयानघ ।

ज्ञानयोगेन साङ्ख्यानां कर्मयोगेन योगिनाम् ॥ ३-३॥

श्री भगवान (कृष्ण) ने कहा:

अर्जुन (मयानघ), व्यक्तियों को दुविधा है कि उन्हें किस मार्ग पर समर्पित होना चाहिए; आत्मा और शरीर का ज्ञान के साथ योग या ज्ञान के साथ कर्म करने का योग।

न कर्मणामनारम्भान्नैष्कर्म्यं पुरुषोऽश्नुते ।

न च संन्यसनादेव सिद्धिं समधिगच्छति ॥ ३-४॥

कर्म किये बिना कोई भी कार्य प्रारम्भ नहीं किया जा सकता और कर्म के त्याग से भी सफलता नहीं मिल सकती।

न हि कश्चित्क्षणमपि जातु तिष्ठत्यकर्मकृत् ।

कार्यते ह्यवशः कर्म सर्वः प्रकृतिजैर्गुणैः ॥ ३-५॥

और कोई एक क्षण भी कर्म किये बिना नहीं रह सकता क्योंकि कर्म करना सभी जीवों का स्वाभाविक गुण है।

कर्मेन्द्रियाणि संयम्य य आस्ते मनसा स्मरन् ।

इन्द्रियार्थान्विमूढात्मा मिथ्याचारः स उच्यते ॥ ३-६॥

जिस व्यक्ति ने शारीरिक रूप से इंद्रियों को वश में कर लिया है परन्तु उन्हें मन में बनाए रखता है, वह मूर्ख, झूठा और पाखंडी है।

यस्त्विन्द्रियाणि मनसा नियम्यारभतेऽर्जुन ।

कर्मेन्द्रियैः कर्मयोगमसक्तः स विशिष्यते ॥ ३-७॥

हे अर्जुन, मन से इंद्रियों को वश में करना और ज्ञान को मिलाकर कर्म करना श्रेष्ठ है।

नियतं कुरु कर्म त्वं कर्म ज्यायो ह्यकर्मणः ।

शरीरयात्रापि च ते न प्रसिद्ध्येदकर्मणः ॥ ३-८॥

अपना कर्तव्य (निर्धारित कर्म) करो क्योंकि कर्म करना कर्म त्यागने से श्रेष्ठ है; यहाँ तक कि कर्म का त्याग कर जीवन की गतिविधियाँ भी पूरी नहीं की जा सकतीं।

यज्ञार्थात्कर्मणोऽन्यत्र लोकोऽयं कर्मबन्धनः ।

तदर्थं कर्म कौन्तेय मुक्तसङ्गः समाचर ॥ ३-९॥

किसी विशेष उद्देश्य के लिए कर्म द्वारा निर्मित यह ब्रह्मांड कर्म से बंधा हुआ है; अतः हे अर्जुन (कौन्तेय), बिना किसी आसक्ति के अपना कर्तव्य निभाओ।

सहयज्ञाः प्रजाः सृष्ट्वा पुरोवाच प्रजापतिः ।

अनेन प्रसविष्यध्वमेष वोऽस्त्विष्टकामधुक् ॥ ३-१०॥

सृष्टि की रचना पर सृष्टिकर्ता ब्रह्मा ने लोगों से कहा कि उनसे दूसरों के कल्याण के लिए पुण्य कर्म करने की अपेक्षा की जाती है।

देवान्भावयतानेन ते देवा भावयन्तु वः ।

परस्परं भावयन्तः श्रेयः परमवाप्स्यथ ॥ ३-११॥

पुण्य कार्य से दूसरे लोग प्रसन्न होंगे और परस्पर एक-दूसरे को लाभ पहुँचाएँगे; यह दृष्टिकोण उन्हें देवत्व की प्राप्ति की ओर ले जाता है।

इष्टान्भोगान्हि वो देवा दास्यन्ते यज्ञभाविताः ।

तैर्दत्तानप्रदायैभ्यो यो भुङ्क्ते स्तेन एव सः ॥ ३-१२॥

अपने कल्याण के लिए किये गये पुण्य कर्म से संतुष्ट होकर वे (देव) तुम्हें किये गये कर्म का फल प्रदान करेंगे। जो व्यक्ति दूसरों द्वारा किए गए कल्याणकारी कार्यों का फल भोगता है, परंतु स्वयं कोई पुण्य कार्य नहीं करता, वह चोर है।

यज्ञशिष्टाशिनः सन्तो मुच्यन्ते सर्वकिल्बिषैः ।

भुञ्जते ते त्वघं पापा ये पचन्त्यात्मकारणात् ॥ ३-१३॥

जो धर्मी व्यक्ति अपने किए गए पुण्य कर्मों का फल दूसरों के लिए भोगते हैं, उन्हें कर्म के सभी बुरे प्रभावों से मुक्ति मिल जाती है, परन्तु जो लोग स्वयं के लिए कर्म करते हैं (भोग

करते हैं) वे अपने कर्मों के बुरे प्रभावों को भोगते हैं।

अन्नाद्भवन्ति भूतानि पर्जन्यादन्नसम्भवः ।

यज्ञाद्भवति पर्जन्यो यज्ञः कर्मसमुद्भवः ॥ ३-१४॥

जीवित शरीर भोजन की ऊर्जा से अस्तित्व में हैं, भोजन वर्षा से उत्पन्न होता है, वर्षा स्वार्थ की आहुति से होती है। स्वार्थ की आहुति (यज्ञ) दूसरों के कल्याण के लिए पुण्य कर्म करने से आती है।

कर्म ब्रह्मोद्भवं विद्धि ब्रह्माक्षरसमुद्भवम् ।

तस्मात्सर्वगतं ब्रह्म नित्यं यज्ञे प्रतिष्ठितम् ॥ ३-१५॥

व्यक्ति को यह समझना चाहिए कि पुण्य कर्म ईश्वरीय सृजन (दूसरों के कल्याण के लिए) से उत्पन्न हुआ है, ईश्वरीय सृजनओम (ब्रह्म अक्षर / सर्वोच्च) से शुरू हुआ है, इसलिए, सब कुछ दूसरों के कल्याण / यज्ञ के लिए पुण्य कर्म में स्थित है।

एवं प्रवर्तितं चक्रं नानुवर्तयतीह यः ।

अघायुरिन्द्रियारामो मोघं पार्थ स जीवति ॥ ३-१६॥

अर्जुन (पार्थ), इंद्रिय संतुष्टि के वश में रहने वाला व्यक्ति पुण्य कर्म करने के लिए निर्धारित मार्ग का पालन नहीं करता है और इस प्रकार जीवन बर्बाद कर देता है।

यस्त्वात्मरतिरेव स्यादात्मतृप्तश्च मानवः ।

आत्मन्येव च सन्तुष्टस्तस्य कार्यं न विद्यते ॥ ३-१७॥

आत्म-बोध और आत्म-संतुष्टि प्राप्त कर स्वयं को जानने में लगे व्यक्ति के लिए, कार्य करने में प्रयास शामिल नहीं होता है (कार्य सहजता से किया जाता है)।

नैव तस्य कृतेनार्थो नाकृतेनेह कश्चन ।

न चास्य सर्वभूतेषु कश्चिदर्थव्यपाश्रयः ॥ ३-१८॥

वह (वह) न तो आत्म-लाभ के लिए कर्म करता है, न ही कर्म करना छोड़ता है, भले ही वह अन्य जीवों पर निर्भर न हो।

तस्मादसक्तः सततं कार्यं कर्म समाचर ।

असक्तो ह्याचरन्कर्म परमाप्नोति पूरुषः ॥ ३-१९॥

जो निरंतर निर्धारित कर्म को करते हुए, उसमें पूरी तरह संलग्न होकर, आसक्ति रहित कर्म करता है उसे सर्वोत्तम परिणाम प्राप्त होता है।

कर्मणैव हि संसिद्धिमास्थिता जनकादयः ।

लोकसङ्ग्रहमेवापि सम्पश्यन्कर्तुमर्हसि ॥ ३-२०॥

नियत कर्म करने पर राजा जनक तथा अन्य लोगों को आत्म-साक्षात्कार प्राप्त हुआ, उसी प्रकार ब्रह्माण्ड के कल्याण के लिए अपना निर्धारित कर्म करो।

दाचरति श्रेष्ठस्तत्तदेवेतरो जनः ।

स यत्प्रमाणं कुरुते लोकस्तदनुवर्तते ॥ ३-२१॥

जन साधारण महान व्यक्तियों का अनुकरण उनके आचरण के कारण ही करते हैं। जो श्रेष्ठ व्यक्ति उदाहरण प्रस्तुत करता है, लोग उसका अनुकरण अवश्य करते हैं।

न मे पार्थास्ति कर्तव्यं त्रिषु लोकेषु किञ्चन ।

नानवाप्तमवाप्तव्यं वर्त एव च कर्मणि ॥ ३-२२॥

हे अर्जुन (पार्थ), समस्त स्वर्गलोक में भगवान के लिए कोई कर्म निर्धारित नहीं है, फिर भी भगवान न तो किसी सिद्धि के लिए और न ही अप्राप्ति के कारण कर्म करने में लगे रहते हैं।

यदि ह्यहं न वर्तेयं जातु कर्मण्यतन्द्रितः ।

मम वर्त्मानुवर्तन्ते मनुष्याः पार्थ सर्वशः ॥ ३-२३॥

हे अर्जुन (पार्थ), यदि मैं (भगवान्) कर्म न करूँ तो निश्चय ही सभी मनुष्य मेरे (भगवान्) मार्ग का पूर्णतया अनुसरण करेंगे।

उत्सीदेयुरिमे लोका न कुर्यां कर्म चेदहम् ।

सङ्करस्य च कर्ता स्यामुपहन्यामिमाः प्रजाः ॥ ३-२४॥

और यदि मैं अपना निर्धारित कर्म करना बंद कर दूं तो मैं सभी जीवों के विनाश का मूल कारण बनूंगा।

सक्ताः कर्मण्यविद्वांसो यथा कुर्वन्ति भारत ।

कुर्याद्विद्वांस्तथासक्तश्चिकीर्षुर्लोकसङ्ग्रहम् ॥ ३-२५॥

अर्जुन (*भारत*), जैसे अज्ञानी कर्म के फल से आसक्त होकर (अपने लाभ के लिए) कर्म करता है, उसी प्रकार ज्ञानी को ब्रह्मांड के हित के लिए अनासक्त होकर कर्म करना चाहिए।

न बुद्धिभेदं जनयेदज्ञानां कर्मसङ्गिनाम् ।

जोषयेत्सर्वकर्माणि विद्वान्युक्तः समाचरन् ॥ ३-२६॥

बुद्धिमान को अज्ञानी (स्वयं के लिए कर्म करना) और ज्ञानी (दूसरों के कल्याण के लिए कर्म करना) के बीच अंतर नहीं करना चाहिए और सदैव सभी के कल्याण के लिए समान परंपरा के साथ कर्म करना चाहिए।

प्रकृतेः क्रियमाणानि गुणैः कर्माणि सर्वशः ।

अहङ्कारविमूढात्मा कर्ताहमिति मन्यते ॥ ३-२७॥

इन्द्रियों के वश में होकर कर्म करने वाला मूर्ख तथा अहंकारी व्यक्ति अपने स्वभाव के कारण स्वयं को कर्म का नियंत्रक समझता है।

तत्त्ववित्तु महाबाहो गुणकर्मविभागयोः ।

गुणा गुणेषु वर्तन्त इति मत्वा न सज्जते ॥ ३-२८॥

अर्जुन (महाबाहो); ज्ञानीजन यह जानकर कि कर्म करने का फल इंद्रियों से जुड़ा हुआ है, इंद्रियों से आसक्त नहीं होते।

प्रकृतेर्गुणसम्मूढाः सज्जन्ते गुणकर्मसु ।

तानकृत्स्नविदो मन्दान्कृत्स्नविन्न विचालयेत् ॥ ३-२९॥

ज्ञानियों को अपर्याप्त ज्ञान रखने वाले, इंद्रियों के वश में रहने वाले, इंद्रिय संतुष्टि में लगे लोगों से विक्षुब्ध (परेशान) नहीं होना चाहिए।

मयि सर्वाणि कर्माणि संन्यस्याध्यात्मचेतसा ।

निराशीर्निर्ममो भूत्वा युध्यस्व विगतज्वरः ॥ ३-३०॥

सभी कर्मों को पूर्णतः मुझे समर्पित कर के, बिना किसी लाभ या प्राप्ति की इच्छा के, पुण्य कर्म करो; बिना निराशा के युद्ध करो।

ये मे मतमिदं नित्यमनुतिष्ठन्ति मानवाः ।

श्रद्धावन्तोऽनसूयन्तो मुच्यन्ते तेऽपि कर्मभिः ॥ ३-३१॥

जो व्यक्ति सदैव बिना किसी इच्छा के समर्पण भाव से पुण्य कर्म करते हैं, वे उस कर्म के प्रभाव से भी मुक्त हो जाते हैं।

ये त्वेतदभ्यसूयन्तो नानुतिष्ठन्ति मे मतम् ।

सर्वज्ञानविमूढांस्तान्विद्धि नष्टानचेतसः ॥ ३-३२॥

जो लोग नियमित रूप से पुण्य कर्म नहीं करते, वे ज्ञान से भ्रमित हो जाते हैं, जिसके परिणामस्वरूप चेतना का विनाश होता है।

सदृशं चेष्टते स्वस्याः प्रकृतेर्ज्ञानवानपि ।

प्रकृतिं यान्ति भूतानि निग्रहः किं करिष्यति ॥ ३-३३॥

व्यक्ति अपने ज्ञान एवं प्रकृति (स्वभाव) के अनुसार ही कार्य करने का प्रयास करते हैं। केवल प्रकृति के वश में (ज्ञान के बिना) कर्म कैसे होगा?

इन्द्रियस्येन्द्रियस्यार्थे रागद्वेषौ व्यवस्थितौ ।

तयोर्न वशमागच्छेत्तौ ह्यस्य परिपन्थिनौ ॥ ३-३४॥

इन्द्रियाँ और उनके इन्द्रिय विषय राग और द्वेष की नकारात्मक भावनाओं द्वारा नियंत्रित होते हैं; उनके नियंत्रण में रहने वाले लोग उनके रास्ते पर चलने के लिए विवश होते हैं।

श्रेयान्स्वधर्मो विगुणः परधर्मात्स्वनुष्ठितात् ।

स्वधर्मे निधनं श्रेयः परधर्मो भयावहः ॥ ३-३५॥

स्वयं के लिए दूसरों के कर्तव्य को पूर्णतयः करने से, कमी के साथ अपना कर्तव्य ईमानदारी से पूर्ण करना श्रेयस्कर है; अपने कर्तव्य को ईमानदारी से निभाते समय मृत्यु भी श्रेष्ठ है क्योंकि दूसरे का कर्तव्य पूर्ण करना भयानक हो सकता है।

अर्जुन उवाच ।

अथ केन प्रयुक्तोऽयं पापं चरति पूरुषः ।

अनिच्छन्नपि वार्ष्णेय बलादिव नियोजितः ॥ ३-३६॥

अर्जुन बोलेः

किसी व्यक्ति को उसकी इच्छा के विरुद्ध बाध्य किये जाने कर्म पर भी पाप कर्म करने के लिए कौन बाध्य करता है?

श्रीभगवानुवाच ।

काम एष क्रोध एष रजोगुणसमुद्भवः ।

महाशनो महापाप्मा विद्ध्येनमिह वैरिणम् ॥ ३-३७॥

श्री भगवान (कृष्ण) बोले:

इच्छाएँ क्रोध उत्पन्न करती हैं, क्रोध वासना का स्वभाव उत्पन्न करता है; वही ज्ञान का शत्रु है जो लालच और पाप कर्म की ओर ले जाता है।

धूमेनाव्रियते वह्निर्यथादर्शो मलेन च ।

यथोल्बेनावृतो गर्भस्तथा तेनेदमावृतम् ॥ ३-३८॥

जिस प्रकार धुएँ से अग्नि और धूल से दर्पण छिपा रहता है, गर्भ से भ्रूण छिपा रहता है, उसी प्रकार वासना के लोभ से ज्ञान छिपा रहता है।

आवृतं ज्ञानमेतेन ज्ञानिनो नित्यवैरिणा ।

कामरूपेण कौन्तेय दुष्पूरेणानलेन च ॥ ३-३९॥

हे अर्जुन (कौन्तेय), ज्ञानी का ज्ञान अतृप्त अग्नि के समान कामना रूपी इस सतत शत्रु से छिप जाता है।

इन्द्रियाणि मनो बुद्धिरस्याधिष्ठानमुच्यते ।

एतैर्विमोहयत्येष ज्ञानमावृत्य देहिनम् ॥ ३-४०॥

कहते हैं, इंद्रियाँ, मन, बुद्धि काम-लोलुपता पर निर्भर हैं; जिनके प्रति आसक्ति से व्यक्तियों का ज्ञान छिपा रहता है।

तस्मात्त्वमिन्द्रियाण्यादौ नियम्य भरतर्षभ ।

पाप्मानं प्रजहि ह्येनं ज्ञानविज्ञाननाशनम् ॥ ३-४१॥

इसलिए अर्जुन; सबसे पहले काम-वासना के लोभ, पाप कर्म के कारण और ज्ञान के नाश का नाश करने के लिए अपनी इंद्रियों को वश में करो।

इन्द्रियाणि पराण्याहुरिन्द्रियेभ्यः परं मनः ।

मनसस्तु परा बुद्धिर्यो बुद्धेः परतस्तु सः ॥ ३-४२॥

इन्द्रियाँ दुर्जेय हैं परन्तु मन इन्द्रियों से भी अधिक दुर्जेय है; बुद्धि मन पर हावी हो सकती है और ज्ञान व्यक्ति की बुद्धि से ऊपर है।

एवं बुद्धेः परं बुद्ध्वा संस्तभ्यात्मानमात्मना ।

जहि शत्रुं महाबाहो कामरूपं दुरासदम् ॥ ३-४३॥

अर्जुन (महाबाहो); दिव्य ज्ञान/चेतना व्यक्ति के ज्ञान/चेतना से ऊपर है, इसलिए अतृप्त वासना रूपी शत्रु - इच्छाओं पर विजय प्राप्त करें।

4

ज्ञान योग

श्रीभगवानुवाच ।

इमं विवस्वते योगं प्रोक्तवानहमव्ययम् ।

विवस्वान्मनवे प्राह मनुरिक्ष्वाकवेऽब्रवीत् ॥ ४-१॥

श्री भगवान (कृष्ण) बोले:

अब मैं व्यक्तिगत ज्ञान/चेतना का दिव्य ज्ञान/चेतना के साथ योग बताऊंगा, जिसे सूर्य देव ने अपने पुत्र मनु को सिखाया था जिन्होंने इसे अपने पुत्र इक्ष्वाकु को सुनाया था।

एवं परम्पराप्राप्तिमिमं राजर्षयो विदुः ।

स कालेनेह महता योगो नष्टः परन्तप ॥ ४-२॥

अर्जुन (परंतप), इस प्रकार यह योग महान शिष्य उत्तराधिकारियों के बीच उत्तराधिकार के रूप में जारी रहा परन्तु विगतमें लुप्त हो गया।

स एवायं मया तेऽद्य योगः प्रोक्तः पुरातनः ।

भक्तोऽसि मे सखा चेति रहस्यं ह्येतदुत्तमम् ॥ ४-३॥

हे मेरे समर्पित मित्र, मैं उसी प्राचीन योग विद्या का अबूझ रहस्य का वर्णन, तुमसे कर रहा हूँ।

अर्जुन उवाच ।

अपरं भवतो जन्म परं जन्म विवस्वतः ।

कथमेतद्विजानीयां त्वमादौ प्रोक्तवानिति ॥ ४-४॥

अर्जुन बोले:

मुझे समझ में नहीं आता कि आप इसे कैसे जानते हैं क्योंकि आपका जन्म कुछ पहले ही हुआ है जबकि भगवान सूर्य का जन्म प्राचीन और अज्ञात भी है, फिर मैं इस पर कैसे आश्वस्त होऊं?

श्रीभगवानुवाच ।

बहूनि मे व्यतीतानि जन्मानि तव चार्जुन ।

तान्यहं वेद सर्वाणि न त्वं वेत्थ परन्तप ॥ ४-५॥

श्री भगवान (कृष्ण) बोले:

हे अर्जुन, मेरे और तुम्हारे अनेक जन्म हो चुके हैं, उन सबका ज्ञान मुझे है परंतु परंतप (अर्जुन) तुम्हें नहीं।

अजोऽपि सन्नव्ययात्मा भूतानामीश्वरोऽपि सन् ।

प्रकृतिं स्वामधिष्ठाय सम्भवाम्यात्ममायया ॥ ४-६॥

यद्यपि मैं अजन्मा, अविनाशी, निर्विकार और सभी जीवों का नियन्ता (ईश्वर) हूँ, फिर भी मैं इस संसार में अपने प्रभाव से परिस्थिति के अनुरूप रूप में प्रकट होता हूँ।

यदा यदा हि धर्मस्य ग्लानिर्भवति भारत ।

अभ्युत्थानमधर्मस्य तदात्मानं सृजाम्यहम् ॥ ४-७॥

जब भी और जहां भी सदाचार (धर्म) का ह्रास और अधर्म (दुष्टता) की प्रधानता होती है, उस समय अर्जुन (भारत), मैं स्वयं को उत्पन्न करता हूं।

परित्राणाय साधूनां विनाशाय च दुष्कृताम् ।

धर्मसंस्थापनार्थाय सम्भवामि युगे युगे ॥ ४-८॥

सत्यनिष्ठ व्यक्तियों की रक्षा और दुष्टों का विनाश करने के लिए मैं समय-समय पर सत्य की स्थापना के लिए प्रकट होता हूं।

जन्म कर्म च मे दिव्यमेवं यो वेत्ति तत्त्वतः ।

त्यक्त्वा देहं पुनर्जन्म नैति मामेति सोऽर्जुन ॥ ४-९॥

हे अर्जुन, जो मेरे जन्म और कर्म की दिव्य वास्तविकता के प्रति सचेत है, वह मुझे प्राप्त कर, शरीर छोड़ने के बाद, पुनः जन्म नहीं लेता है।

वीतरागभयक्रोधा मन्मया मामुपाश्रिताः ।

बहवो ज्ञानतपसा पूता मद्भावमागताः ॥ ४-१०॥

जो लोग मोह, भय और क्रोध से मुक्त हैं, मुझ पर भरोसा करते हैं, ज्ञान प्राप्त कर चुके हैं और तपस्या में लगे हुए हैं, वे मेरे पास आते हैं।

ये यथा मां प्रपद्यन्ते तांस्तथैव भजाम्यहम् ।

मम वर्त्मानुवर्तन्ते मनुष्याः पार्थ सर्वशः ॥ ४-११॥

वे जिस भी विचार से मेरे पास आते हैं, मैं उन्हें वैसा ही फल देता हूँ। अर्जुन (पार्थ), मेरे कर्म पथ पर चलने वाले व्यक्तियों को पूर्ण फल मिलता है।

काङ्क्षन्तः कर्मणां सिद्धिं यजन्त इह देवताः ।

क्षिप्रं हि मानुषे लोके सिद्धिर्भवति कर्मजा ॥ ४-१२॥

इस संसार में लोग अपनी इच्छाओं की पूर्ति के लिए कर्म करते हैं, विभिन्न देवताओं की पूजा करते हैं, क्योंकि कर्म करने से सफलता प्राप्त करना आसान होता है।

चातुर्वर्ण्यं मया सृष्टं गुणकर्मविभागशः ।

तस्य कर्तारमपि मां विद्ध्यकर्तारमव्ययम् ॥ ४-१३॥

चरित्र, क्रियाकलाप और योग्यता के अनुसार मेरे द्वारा चार वर्ण बनाये गये थे; यद्यपि वे सृजन मुझे अकर्ता के रूप में जानते हैं क्योंकि मैं हर समय तरोताजा रहता हूँ।

न मां कर्माणि लिम्पन्ति न मे कर्मफले स्पृहा ।

इति मां योऽभिजानाति कर्मभिर्न स बध्यते ॥ ४-१४॥

न तो मुझे अपने कर्म में आसक्ति है, न ही कर्म के फल में। इसका अर्थ जानने वाला व्यक्ति कभी भी कर्म में आसक्त नहीं होता।

एवं ज्ञात्वा कृतं कर्म पूर्वैरपि मुमुक्षुभिः ।

कुरु कर्मैव तस्मात्त्वं पूर्वैः पूर्वतरं कृतम् ॥ ४-१५॥

जिन्होंने इसे पहले जान लिया था, उन्होंने भी तदनुसार कर्म कर मुक्ति प्राप्त की; अतः उनके द्वारा किये गये कर्मों के समान ही पुण्य कर्म करो।

किं कर्म किमकर्मेति कवयोऽप्यत्र मोहिताः ।

तत्ते कर्म प्रवक्ष्यामि यज्ज्ञात्वा मोक्ष्यसेऽशुभात् ॥ ४-१६॥

परिणाम में आसक्त बुद्धिमान भी कर्म और अकर्म को समझने में भ्रमित रहते हैं। अतः मैं वह कर्म बताऊंगा, जिसे जानकर तुम मोह से मुक्त हो जाओगे।

कर्मणो ह्यपि बोद्धव्यं बोद्धव्यं च विकर्मणः ।

अकर्मणश्च बोद्धव्यं गहना कर्मणो गतिः ॥ ४-१७॥

कर्म और विकर्म का ज्ञान होने के पश्चात् अकर्म को जानना ही कर्म के क्रम का पूर्ण ज्ञान है।

कर्मण्यकर्म यः पश्येदकर्मणि च कर्म यः ।

स बुद्धिमान्मनुष्येषु स युक्तः कृत्स्नकर्मकृत् ॥ ४-१८॥

जो कर्म करते-करते अकर्मण्यता को प्राप्त हो जाता है और उसके अनुसार कर्म करता है, वह ज्ञानी पूर्ण कर्मकर्ता होता है।

यस्य सर्वे समारम्भाः कामसङ्कल्पवर्जिताः ।

ज्ञानाग्निदग्धकर्माणं तमाहुः पण्डितं बुधाः ॥ ४-१९॥

जो व्यक्ति बिना इच्छा और प्रेरणा के सभी कार्यों को प्रारंभ करता है, पुण्य कर्म करता है, वही ज्ञानी और बुद्धिमान होता है।

त्यक्त्वा कर्मफलासङ्गं नित्यतृप्तो निराश्रयः ।

कर्मण्यभिप्रवृत्तोऽपि नैव किञ्चित्करोति सः ॥ ४-२०॥

कर्म करने के फल में आसक्ति छोड़कर, सदैव संतुष्ट रहकर कर्म करने वाला मनुष्य कर्म न करने (अकर्म) की अवस्था को प्राप्त होता है।

निराशीर्यतचित्तात्मा त्यक्तसर्वपरिग्रहः ।

शारीरं केवलं कर्म कुर्वन्नाप्नोति किल्बिषम् ॥ ४-२१॥

इच्छाओं के बिना, आत्मा में चिंतन करना, भौतिक संपत्ति की इच्छा को त्यागना, शरीर के निर्वाह के लिए कर्म करना पाप नहीं है।

यदृच्छालाभसन्तुष्टो द्वन्द्वातीतो विमत्सरः ।
समः सिद्धावसिद्धौ च कृत्वापि न निबध्यते ॥ ४-२२॥

जो कुछ अपने आप आता है उसमें संतुष्ट रहना, अतीत से कोई द्वंद्व न रखना, सफलता और असफलता में समभाव रखना, ऐसा व्यक्ति कभी कर्म में आसक्त नहीं होता।

गतसङ्गस्य मुक्तस्य ज्ञानावस्थितचेतसः ।
यज्ञायाचरतः कर्म समग्रं प्रविलीयते ॥ ४-२३॥

पुण्य कर्म करते हुए, अतीत से अनासक्त, ज्ञान के माध्यम से सदैव सचेत रहने वाले व्यक्ति से कोई अनुचित प्रतिक्रिया नहीं होती।

ब्रह्मार्पणं ब्रह्म हविर्ब्रह्माग्नौ ब्रह्मणा हुतम् ।
ब्रह्मैव तेन गन्तव्यं ब्रह्मकर्मसमाधिना ॥ ४-२४॥

हवि (अन्य स्थानीयजड़ी-बूटियों, सूखी गुलाब की पंखुड़ियाँ, चंदन पाउडर, घी, चावल आदि का एक पवित्र मिश्रण) अग्नि के आहुति में सर्वोच्च को अर्पित किया जाता है; जो लोग परमेश्वर के लिए पुण्य कर्म का अनुष्ठान करते हैं वे परमेश्वर के पास जाते हैं।

दैवमेवापरे यज्ञं योगिनः पर्युपासते ।
ब्रह्माग्नावपरे यज्ञं यज्ञेनैवोपजुह्वति ॥ ४-२५॥

अन्य देवताओं के लिए कर्मानुसार आहुति देना उनकी पूजा करना है; परमेश्वर के लिए सत्कर्म द्वारा आहुति देना ही उत्तम पूजा है।

श्रोत्रादीनीन्द्रियाण्यन्ये संयमाग्निषु जुह्वति ।
शब्दादीन्विषयानन्य इन्द्रियाग्निषु जुह्वति ॥ ४-२६॥

सुनने, देखने जैसी इंद्रियों और वाणी और ध्वनि जैसी अन्य इंद्रियों को नियंत्रित कर एक तपस्वी की तरह अहंकारी श्रवण, दृष्टि और वाणी को समर्पित करें।

सर्वाणीन्द्रियकर्माणि प्राणकर्माणि चापरे ।
आत्मसंयमयोगाग्नौ जुह्वति ज्ञानदीपिते ॥ ४-२७॥

ज्ञान के साथ आत्म-नियंत्रण का पालन करते हुए, मन की सभी इंद्रियों और विचारों की क्रिया को ज्ञान की आहुति में अर्पित करें।

द्रव्ययज्ञास्तपोयज्ञा योगयज्ञास्तथापरे ।
स्वाध्यायज्ञानयज्ञाश्च यतयः संशितव्रताः ॥ ४-२८॥

अपनी संपत्ति (ज्ञान) को तपस्या के साथ अर्पण कर, इच्छित लक्ष्य प्राप्त करने के लिए प्रबुद्ध लोगों से ज्ञान प्राप्त करें।

अपाने जुह्वति प्राणं प्राणेऽपानं तथापरे ।
प्राणापानगती रुद्ध्वा प्राणायामपरायणाः ॥ ४-२९॥

योग (ध्यान) द्वारा प्राणायाम का अभ्यास करें जिसमें सांस को अंदर लेना और छोड़ना (जीवन शक्ति की आहुति), सांस को नियंत्रित करना है।

अपरे नियताहाराः प्राणान्प्राणेषु जुह्वति ।

सर्वेऽप्येते यज्ञविदो यज्ञक्षपितकल्मषाः ॥ ४-३०॥

संबंधित इंद्रियों को नियंत्रित करने के लिए भोजन का कम सेवन करें। इन सबका तर्पण और ज्ञान पापों का नाश करता है।

यज्ञशिष्टामृतभुजो यान्ति ब्रह्म सनातनम् ।

नायं लोकोऽस्त्ययज्ञस्य कुतोऽन्यः कुरुसत्तम ॥ ४-३१॥

जिन लोगों ने आहुति (यज्ञ) का अमृत चख लिया है, उनका आहुति देना सदैव के लिए परमगति को प्रदान करता है। अर्जुन (कुरु सत्तम), जो व्यक्ति तर्पण नहीं करता, वह कहीं भी रहने के योग्य नहीं है।

एवं बहुविधा यज्ञा वितता ब्रह्मणो मुखे ।

कर्मजान्विद्धि तान्सर्वानेवं ज्ञात्वा विमोक्ष्यसे ॥ ४-३२॥

और परमेश्वर द्वारा वर्णित ये सभी आहुतियां (भक्तिपूर्वक और निश्चित उद्देश्य के लिए शुभ रूप से की गई) कर्म करने से प्रकट होती हैं; इसका ज्ञान तुम्हें मुक्ति की ओर ले जाएगा।

श्रेयान्द्रव्यमयाद्यज्ञाज्ज्ञानयज्ञः परन्तप ।

सर्वं कर्माखिलं पार्थ ज्ञाने परिसमाप्यते ॥ ४-३३॥

अर्जुन (परंतप), संपत्ति के त्याग से ज्ञान का यज्ञ श्रेष्ठ है। पार्थ (अर्जुन), इस ज्ञान से सभी कार्य पूर्ण रूप से किये जा सकते हैं।

तद्विद्धि प्रणिपातेन परिप्रश्नेन सेवया ।

उपदेक्ष्यन्ति ते ज्ञानं ज्ञानिनस्तत्त्वदर्शिनः ॥ ४-३४॥

यह ज्ञान किसी ज्ञाता से अनुयायी के रूप में प्रश्न पूछकर प्राप्त किया जा सकता है। ज्ञानी एवं आत्मज्ञानी इसके तत्वज्ञान का उपदेश देते हैं।

यज्ज्ञात्वा न पुनर्मोहमेवं यास्यसि पाण्डव ।

येन भूतान्यशेषेण द्रक्ष्यस्यात्मन्यथो मयि ॥ ४-३५॥

सभी जीवों की आत्माओं (आंतरिक) में मुझे अनुभव करें; अर्जुन (पाण्डव), यह जानकर, तुम कभी भी भ्रम में नहीं रहोगे।

अपि चेदसि पापेभ्यः सर्वेभ्यः पापकृत्तमः ।

सर्वं ज्ञानप्लवेनैव वृजिनं सन्तरिष्यसि ॥ ४-३६॥

भले ही आप अत्यंत पाप कर्म में संलग्न हों; इस ज्ञान से आप स्वयं को मानवता के कार्य में बदल लेंगे।

यथैधांसि समिद्धोऽग्निर्भस्मसात्कुरुतेऽर्जुन ।

ज्ञानाग्निः सर्वकर्माणि भस्मसात्कुरुते तथा ॥ ४-३७॥

अर्जुन, जिस प्रकार आहुति अग्नि लकड़ी के टुकड़े, घी, चावल और जड़ी-बूटियों के मिश्रण को शुद्ध करने वाली राख में बदल देती है, उसी प्रकार "ज्ञान अग्नि" सभी कार्यों को शुद्ध करने वाली राख में बदल देती है।

न हि ज्ञानेन सदृशं पवित्रमिह विद्यते ।

तत्स्वयं योगसंसिद्धः कालेनात्मनि विन्दति ॥ ४-३८॥

इस संसार में ज्ञान से बढ़कर पवित्र करने वाली कोई वस्तु नहीं है, जिससे समय के साथ लक्ष्य स्वतः ही प्राप्त हो जाता है।

श्रद्धावाँल्लभते ज्ञानं तत्परः संयतेन्द्रियः ।

ज्ञानं लब्ध्वा परां शान्तिमचिरेणाधिगच्छति ॥ ४-३९॥

पूर्ण विश्वास रखने वाला, ज्ञान प्राप्त करने के लिए उत्साहित, इंद्रियों पर नियंत्रण रखने वाला, ज्ञान प्राप्त करने वाला व्यक्ति परम शांति को प्राप्त करता है।

अज्ञश्चाश्रद्दधानश्च संशयात्मा विनश्यति ।

नायं लोकोऽस्ति न परो न सुखं संशयात्मनः ॥ ४-४०॥

अज्ञानी तथा इस ज्ञान में आस्था न रखने वाले, अन्तःकरण में संशय रखने वाले न केवल अपना जीवन नष्ट कर लेते हैं अपितु कभी सुख प्राप्त नहीं कर पाते हैं, इसमें कोई संदेह नहीं है।

योगसंन्यस्तकर्माणं ज्ञानसञ्छिन्नसंशयम् ।

आत्मवन्तं न कर्माणि निबध्नन्ति धनञ्जय ॥ ४-४१॥

अर्जुन (धनंजय); जो कर्म को ज्ञान के साथ जोड़ता है, संदेह नहीं रखता, कर्म में अनासक्त रहता है, वह आत्म-साक्षात्कार की स्थिति में पहुँच जाता है।

तस्मादज्ञानसम्भूतं हृत्स्थं ज्ञानासिनात्मनः ।

छित्त्वैनं संशयं योगमातिष्ठोत्तिष्ठ भारत ॥ ४-४२॥

इसलिए अर्जुन (भारत), आत्म-बोध के आंतरिक ज्ञान से अपने अज्ञान से प्रकट हुए संदेहों को नष्ट कर दो; उठो और अपना कार्य करो।

5

संन्यास योग

अर्जुन उवाच ।

संन्यासं कर्मणां कृष्ण पुनर्योगं च शंससि ।

यच्छ्रेय एतयोरेकं तन्मे ब्रूहि सुनिश्चितम् ॥ ५-१॥

अर्जुन बोलेः

कृष्ण, आप फिर से संन्यास योग और कर्मयोग (कर्म करना) दोनों की प्रशंसा कर रहे हैं। कृपया मुझे निश्चित रूप से बताएं कि कौन सा श्रेष्ठतर है?

श्रीभगवानुवाच ।

संन्यासः कर्मयोगश्च निःश्रेयसकरावुभौ ।

तयोस्तु कर्मसंन्यासात्कर्मयोगो विशिष्यते ॥ ५-२॥

श्री भगवान (कृष्ण) ने कहाः

संन्यास और कर्मयोग निस्संदेह किसी को महान बनाते हैं, परन्तु संन्यास के साथ कर्मयोग (मिलकर पुण्य कर्म करना) निश्चित रूप से संन्यास से श्रेष्ठ है।

ज्ञेयः स नित्यसंन्यासी यो न द्वेष्टि न काङ्क्षति ।

निर्द्वन्द्वो हि महाबाहो सुखं बन्धात्प्रमुच्यते ॥ ५-३॥

अर्जुन (महाबाहो), यह जान लो कि जिसके मन में न तो बुरा भाव है और न ही कोई इच्छा है, वह सभी समय सन्यासी है। निस्संदेह वह व्यक्ति बंधनों से मुक्त होकर सुखी है।

साङ्ख्ययोगौ पृथग्बालाः प्रवदन्ति न पण्डिताः ।

एकमप्यास्थितः सम्यगुभयोर्विन्दते फलम् ॥ ५-४॥

जिनके पास ज्ञान नहीं है वे संन्यास और कर्म को अलग-अलग बताते हैं। किसी को भी पूर्णता से अपनाने वाले को दोनों का फल मिलता है।

यत्साङ्ख्यैः प्राप्यते स्थानं तद्योगैरपि गम्यते ।

एकं साङ्ख्यं च योगं च यः पश्यति स पश्यति ॥ ५-५॥

संन्यास की अवस्था प्राप्त होने पर कर्म की अवस्था (सत्कर्म) भी प्राप्त हो जाती है। संन्यास और पुण्य कर्म करने वाले व्यक्ति दोनों को एक ही रूप में देखते हैं।

संन्यासस्तु महाबाहो दुःखमाप्तुमयोगतः ।

योगयुक्तो मुनिर्ब्रह्म नचिरेणाधिगच्छति ॥ ५-६॥

अर्जुन (महाबाहो), एक सन्यासीत्याग के दौरान स्वयं का बलिदान देता है। त्याग के साथ कर्म (पुण्य कर्म करना) करने वाला सन्यासी मन को नियंत्रित करता है और बिना देर किए आत्म-साक्षात्कार प्राप्त करता है।

योगयुक्तो विशुद्धात्मा विजितात्मा जितेन्द्रियः ।

सर्वभूतात्मभूतात्मा कुर्वन्नपि न लिप्यते ॥ ५-७॥

संन्यास के साथ कर्म (पुण्य कर्म) का संयोजन मन और इच्छाओं पर विजय प्राप्त करता है; प्रत्येक जीव में आत्मा को ध्यान में रखते हुए किये गये कर्म का उस पर कोई प्रभाव नहीं पड़ता (अकर्म की अवस्था)।

नैव किञ्चित्करोमीति युक्तो मन्येत तत्त्ववित् ।

पश्यञ्शृण्वन्स्पृशञ्जिघ्रन्नश्नन्गच्छन्स्वपञ्श्वसन् ॥ ५-८॥

प्रलपन्विसृजन्गृह्णन्नुन्मिषन्निमिषन्नपि ।

इन्द्रियाणीन्द्रियार्थेषु वर्तन्त इति धारयन् ॥ ५-९॥

वास्तविकता को जानने वाला कभी भी क्रियाकलापों के कर्म अनुभव नहीं करता; देखना, सुनना, छूना, सूंघना, खाना, सोना, सांस लेना, बोलना, मलत्याग करना और इंद्रियों द्वारा की जाने वाली क्रियाएं पलकें खोलने और बंद करने जैसी सहज हो जाती हैं।

ब्रह्मण्याधाय कर्माणि सङ्गं त्यक्त्वा करोति यः ।

लिप्यते न स पापेन पद्मपत्रमिवाम्भसा ॥ ५-१०॥

जो मनुष्य आसक्ति छोड़कर पुण्य कर्म करता है, वह जल में कमल के पत्ते के समान पाप में लिप्त नहीं होता।

कायेन मनसा बुद्ध्या केवलैरिन्द्रियैरपि ।

योगिनः कर्म कुर्वन्ति सङ्गं त्यक्त्वात्मशुद्धये ॥ ५-११॥

शरीर, मन, बुद्धि पर इंद्रियों का आक्रमण होता है। एक कर्मयोगी (पुण्य कर्म करने वाला) आत्म-शुद्धि के लिए आसक्ति छोड़कर कर्म करता है।

युक्तः कर्मफलं त्यक्त्वा शान्तिमाप्नोति नैष्ठिकीम् ।

अयुक्तः कामकारेण फले सक्तो निबध्यते ॥ ५-१२॥

जो व्यक्ति फल के प्रति अनासक्त होकर कर्म करता है, उसे अनंत शांति प्राप्त होती है। जो व्यक्ति फल की इच्छा से कर्म करता है, वह फल से बंधा होता है।

सर्वकर्माणि मनसा संन्यस्यास्ते सुखं वशी ।

नवद्वारे पुरे देही नैव कुर्वन्न कारयन् ॥ ५-१३॥

मन की सभी इच्छाओं को त्यागकर कर्म करने वाला व्यक्ति प्रसन्न रहता है। उसके लिए कर्म शरीर के नौ छिद्रों के माध्यम से किए जाने वाले कर्म के समान सहज हो जाता है (अकर्म)।

न कर्तृत्वं न कर्माणि लोकस्य सृजति प्रभुः ।
न कर्मफलसंयोगं स्वभावस्तु प्रवर्तते ॥ ५-१४॥

ईश्वर कर्म के परिणाम से अनासक्त होकर ब्रह्माण्ड के निर्माण में लगा हुआ है, यद्यपि यह न तो उसका कर्तव्य है, न ही उसका कर्म।

नादत्ते कस्यचित्पापं न चैव सुकृतं विभुः ।
अज्ञानेनावृतं ज्ञानं तेन मुह्यन्ति जन्तवः ॥ ५-१५॥

भगवान न तो आपके पाप स्वीकार करते हैं और न ही पुण्य। अज्ञान से ढके हुए ज्ञान से कुछ लोग मोहित हो जाते हैं।

ज्ञानेन तु तदज्ञानं येषां नाशितमात्मनः ।
तेषामादित्यवज्ज्ञानं प्रकाशयति तत्परम् ॥ ५-१६॥

ज्ञान वह अनुभूति है जो स्वयं के अज्ञान को नष्ट कर देती है; जैसे कि उगता हुआ सूरज अंधकार को दूर कर देता है।

तद्बुद्धयस्तदात्मानस्तन्निष्ठास्तत्परायणाः ।
गच्छन्त्यपुनरावृत्तिं ज्ञाननिर्धूतकल्मषाः ॥ ५-१७॥

वे ज्ञानी जो स्वयं को जानते हैं, पूर्ण विश्वास रखते हैं, समर्पित हैं, जिनके भ्रम ज्ञान से दूर हो जाते हैं, वे भौतिक संसार से मुक्ति प्राप्त करते हैं।

विद्याविनयसम्पन्ने ब्राह्मणे गवि हस्तिनि ।
शुनि चैव श्वपाके च पण्डिताः समदर्शिनः ॥ ५-१८॥

जानकार/विद्वान (पंडित) एक पवित्र और विनम्र ब्राह्मण, असभ्य व्यक्ति, हस्तिनी महिला, अच्छे आचरण वाली महिला को समभाव से देखते हैं।

इहैव तैर्जितः सर्गो येषां साम्ये स्थितं मनः ।
निर्दोषं हि समं ब्रह्म तस्माद् ब्रह्मणि ते स्थिताः ॥ ५-१९॥

जिनका मन समभाव में रहता है, वे संसार में सभी को जीत लेते हैं। बिना किसी भेदभाव के, वे सभी को समान रूप से देखते हैं और उनमें ईश्वर का वास होता है।

न प्रहृष्येत्प्रियं प्राप्य नोद्विजेत्प्राप्य चाप्रियम् ।
स्थिरबुद्धिरसम्मूढो ब्रह्मविद् ब्रह्मणि स्थितः ॥ ५-२०॥

जिस शाश्वत आत्मा में परमेश्वर (ईश्वर) रहता है, उसकी बुद्धि स्थिर है, उसमें कोई भ्रम नहीं है, वह न तो अनुकूलता से प्रसन्न होता है और न ही प्रतिकूलता से दुःखी होता है।

बाह्यस्पर्शेष्वसक्तात्मा विन्दत्यात्मनि यत्सुखम् ।
स ब्रह्मयोगयुक्तात्मा सुखमक्षयमश्नुते ॥ ५-२१॥

बाह्य संपर्क से भी व्यक्ति आत्मा से जुड़ा रहकर आंतरिक सुख का आनंद लेता है; आत्म-साक्षात्कारी व्यक्ति असीमित सुख का आनंद लेता है।

ये हि संस्पर्शजा भोगा दुःखयोनय एव ते ।

आद्यन्तवन्तः कौन्तेय न तेषु रमते बुधः ॥ ५-२२॥

जो लोग प्रारंभ में इंद्रियों से उत्पन्न सुखों का आनंद लेते हैं, वे अंत में दुखी होते हैं; इसलिए, अर्जुन (कौन्तेय), बुद्धिमान लोग उनमें शामिल नहीं होते हैं।

शक्नोतीहैव यः सोढुं प्राक्शरीरविमोक्षणात् ।

कामक्रोधोद्भवं वेगं स युक्तः स सुखी नरः ॥ ५-२३॥

इच्छाओं और क्रोध की उत्पत्ति का विरोध करने में सक्षम व्यक्ति शरीर छोड़ने से पहले इसी जीवन में सुख का आनंद लेता है.

योऽन्तःसुखोऽन्तरारामस्तथान्तर्ज्योतिरेव यः ।

स योगी ब्रह्मनिर्वाणं ब्रह्मभूतोऽधिगच्छति ॥ ५-२४॥

जो आंतरिक सुख का अनुभव करता है, स्वयं में लीन होता है, अपने भीतर स्वयं को देखता है; वह त्यागी (योगी) आत्म-साक्षात्कार प्राप्त करता है और सर्वोच्च (ईश्वर) तक पहुँचने के लिए मुक्ति प्राप्त करता है।

लभन्ते ब्रह्मनिर्वाणमृषयः क्षीणकल्मषाः ।

छिन्नद्वैधा यतात्मानः सर्वभूतहिते रताः ॥ ५-२५॥

जिसका संदेह दूर हो गया है, वह सभी पापों से रहित है और आत्म-ज्ञानी है और हमेशा सभी जीवों के कल्याण में लगा रहता है।

कामक्रोधवियुक्तानां यतीनां यतचेतसाम् ।

अभितो ब्रह्मनिर्वाणं वर्तते विदितात्मनाम् ॥ ५-२६॥

जो त्यागी (सन्यासी) काम और क्रोध से मुक्त है, आत्मज्ञानी है, आत्म-साक्षात्कार प्राप्त कर चुका है, वह इस जीवन में मुक्त हो जाता है।

स्पर्शान्कृत्वा बहिर्बाह्यांश्चक्षुश्चैवान्तरे भ्रुवोः ।

प्राणापानौ समौ कृत्वा नासाभ्यन्तरचारिणौ ॥ ५-२७॥

व्यक्ति ध्यान के माध्यम से, भौंहों के बीच आंखें रखकर (एकाग्रता का अभ्यास कर), नासिका के माध्यम से (हवा को) समान रूप से लेने और छोड़ने के साथ सांस पर नियंत्रण का अभ्यास कर, शरीर और मन से इंद्रिय विषयों की भौतिक इच्छाओं को दूर करता है।

यतेन्द्रियमनोबुद्धिर्मुनिर्मोक्षपरायणः ।

विगतेच्छाभयक्रोधो यः सदा मुक्त एव सः ॥ ५-२८॥

जिस ज्ञानी ने इच्छाओं और इंद्रियों को मन से दूर कर दिया है, स्वयं को मुक्ति के लिए समर्पित कर दिया है, वह हमेशा इच्छाओं, भय और क्रोध से मुक्त रहता है।

भोक्तारं यज्ञतपसां सर्वलोकमहेश्वरम् ।

सुहृदं सर्वभूतानां ज्ञात्वा मां शान्तिमृच्छति ॥ ५-२९॥

सभी संसारों की सर्वोच्च शक्ति के लिए यज्ञ और तपस्या में शामिल भक्त, सभी जीवों के प्रति दयालु, मुझको (भगवान को) जानकर आनंदमय शांति प्राप्त करता है।

6

आत्म-साक्षात्कार योग

श्रीभगवानुवाच ।

अनाश्रितः कर्मफलं कार्यं कर्म करोति यः ।

स संन्यासी च योगी च न निरग्निर्न चाक्रियः ॥ ६-१॥

श्री भगवान (कृष्ण) बोलेः

कर्म के फल से स्वतंत्र होकर कर्म करने वाला संन्यासी और योगी होता है, न कि केवल शारीरिक कर्मों का त्याग करने वाला।

यं संन्यासमिति प्राहुर्योगं तं विद्धि पाण्डव ।

न ह्यसंन्यस्तसङ्कल्पो योगी भवति कश्चन ॥ ६-२॥

अर्जुन (पांडव), जान लो कि इच्छाओं का त्याग किए बिना कोई भी प्रतिबद्ध संन्यासी नहीं बन सकता।

आरुरुक्षोर्मुनेर्योगं कर्म कारणमुच्यते ।

योगारूढस्य तस्यैव शमः कारणमुच्यते ॥ ६-३॥

ऐसा कहा जाता है कि कर्मयोग करने वालों के लिए मन को नियंत्रित करना ही साधन है और संन्यास योग करने वालों के लिए शांति ही साधन है।

यदा हि नेन्द्रियार्थेषु न कर्मस्वनुषज्जते ।

सर्वसङ्कल्पसंन्यासी योगारूढस्तदोच्यते ॥ ६-४॥

जब कोई भौतिक इच्छाओं की पूर्ति छोड़कर पुण्य कर्म करता है तभी कहा जाता है कि वह संन्यासी योगी बन गया है।

उद्धरेदात्मनात्मानं नात्मानमवसादयेत् ।

आत्मैव ह्यात्मनो बन्धुरात्मैव रिपुरात्मनः ॥ ६-५॥

ऐसा योगी न तो दुःखी होता है और न दूसरों को दुःख देता है, उसका मित्र और शत्रु सभी से स्नेह होता है।

बन्धुरात्मात्मनस्तस्य येनात्मैवात्मना जितः ।

अनात्मनस्तु शत्रुत्वे वर्तेतात्मैव शत्रुवत् ॥ ६-६॥

अपने मन पर विजय प्राप्त करने वाला व्यक्ति सभी व्यक्तियों का मित्र बन जाता है, परन्तु अनियंत्रित मन सबसे बुरे शत्रुओं जैसा व्यवहार करता है।

जितात्मनः प्रशान्तस्य परमात्मा समाहितः ।

शीतोष्णसुखदुःखेषु तथा मानापमानयोः ॥ ६-७॥

जिसने मन को जीत लिया है उसे सर्दी-गर्मी, सुख-दुख, मान-अपमान में भी शांति मिलती है और वह भगवान में मिल जाता है।

ज्ञानविज्ञानतृप्तात्मा कूटस्थो विजितेन्द्रियः ।

युक्त इत्युच्यते योगी समलोष्टाश्मकाञ्चनः ॥ ६-८॥

ज्ञान और चेतना के विज्ञान में निपुण, इंद्रियों पर विजय प्राप्त करने वाला, ऐसा आत्म-साक्षात्कारी योगी मिट्टी, पत्थर और सोने को समान मानता है।

सुहृन्मित्रार्युदासीनमध्यस्थद्वेष्यबन्धुषु ।

साधुष्वपि च पापेषु समबुद्धिर्विशिष्यते ॥ ६-९॥

परंतु जो शुभचिंतक, मित्र, अज्ञात, समाधानकर्ता, ईर्ष्यालु, रिश्तेदार, साधु और पापी व्यक्तियों के साथ समान रूप से अच्छा व्यवहार करता है वह श्रेष्ठ है।

योगी युञ्जीत सततमात्मानं रहसि स्थितः ।

एकाकी यतचित्तात्मा निराशीरपरिग्रहः ॥ ६-१०॥

शुचौ देशे प्रतिष्ठाप्य स्थिरमासनमात्मनः ।

नात्युच्छ्रितं नातिनीचं चैलाजिनकुशोत्तरम् ॥ ६-११॥

तत्रैकाग्रं मनः कृत्वा यतचित्तेन्द्रियक्रियः ।

उपविश्यासने युञ्ज्याद्योगमात्मविशुद्धये ॥ ६-१२॥

समं कायशिरोग्रीवं धारयन्नचलं स्थिरः ।

सम्प्रेक्ष्य नासिकाग्रं स्वं दिशश्चानवलोकयन् ॥ ६-१३॥

योगी को आत्म-साक्षात्कार प्राप्त करने के लिए एकांत स्थान पर अकेले रहकर, मन को नियंत्रित कर, भौतिक इच्छाओं और संपत्ति से रहित होकर, लगातार ध्यान केंद्रित करना चाहिए। एक साफ और शुद्ध स्थान पर, कुशा घास या कपड़े पर, न तो बहुत ऊंचा और न ही बहुत नीचे, एक दृढ़ आसन लेकर फिर आसन पर बैठकर एकाग्र मन से इन्द्रियों की क्रियाओं को वश में कर आत्मशुद्धि के लिए योग ध्यान करना चाहिए। शरीर, सिर और गर्दन को सीधी मुद्रा में रख, बिना हिले-डुले और स्थिर होकर, बिना किसी अन्य दिशा की ओर देखे नाक की नोक पर दृष्टि रखना चाहिए।

प्रशान्तात्मा विगतभीर्ब्रह्मचारिव्रते स्थितः ।

मनः संयम्य मच्चित्तो युक्त आसीत मत्परः ॥ ६-१४॥

युञ्जन्नेवं सदात्मानं योगी नियतमानसः ।

शान्तिं निर्वाणपरमां मत्संस्थामधिगच्छति ॥ ६-१५॥

शांत, ब्रह्मचर्य की स्थिति में बैठे हुए, नियंत्रित मन वाले, मुझमें चेतना रखने वाले, मुझमें एकाग्र मन से स्थित होने वाले, इस प्रकार नियमित रूप से आध्यात्मिक ध्यान में लगे रहने वाले व्यक्ति को शांति, दिव्य ज्ञान और मेरी संगति प्राप्त होती है।

नात्यश्नतस्तु योगोऽस्ति न चैकान्तमनश्नतः ।

न चातिस्वप्नशीलस्य जाग्रतो नैव चार्जुन ॥ ६-१६॥

अर्जुन, योग न तो अधिक खाने से सिद्ध होता है, न बहुत कम खाने से; न तो बहुत अधिक सोने से और न ही बहुत कम सोने से।

युक्ताहारविहारस्य युक्तचेष्टस्य कर्मसु ।

युक्तस्वप्नावबोधस्य योगो भवति दुःखहा ॥ ६-१७॥

नियमित खान-पान और जीवनशैली, नियमित इच्छाओं के साथ कर्म, नियमित नींद और ज्ञान, व्यक्ति के सभी दुखों को कम कर देता है।

यदा विनियतं चित्तमात्मन्येवावतिष्ठते ।

निःस्पृहः सर्वकामेभ्यो युक्त इत्युच्यते तदा ॥ ६-१८॥

ऐसा कहा जाता है कि मन और अंतःकरण में मौजूद विनय सभी भौतिक इच्छाओं के प्रति अनासक्ति के साथ संयुक्त है।

यथा दीपो निवातस्थो नेङ्गते सोपमा स्मृता ।

योगिनो यतचित्तस्य युञ्जतो योगमात्मनः ॥ ६-१९॥

जिस प्रकार हवा रहित स्थान पर लौ नहीं डगमगाती, उसी प्रकार योगी का नियंत्रित मन (लोगों के बीच रहकर भी) योग से विचलित नहीं होता।

यत्रोपरमते चित्तं निरुद्धं योगसेवया ।

यत्र चैवात्मनात्मानं पश्यन्नात्मनि तुष्यति ॥ ६-२०॥

इस प्रकार, योग और भक्ति में लगा हुआ नियंत्रित मन स्थिर हो जाता है; इससे स्व-अनुभूत मन अंतरात्मा की ओर देखता है और संतुष्ट हो जाता है।

सुखमात्यन्तिकं यत्तद् बुद्धिग्राह्यमतीन्द्रियम् ।

वेत्ति यत्र न चैवायं स्थितश्चलति तत्त्वतः ॥ ६-२१॥

ऐसी आनंददायक प्रसन्नता के साथ, व्यक्ति पारलौकिक ज्ञान प्राप्त करता है, और इस प्रकार परम सत्य का अनुभव करता है एवं उससे कभी विचलित नहीं होता है।

यं लब्ध्वा चापरं लाभं मन्यते नाधिकं ततः ।

यस्मिन्स्थितो न दुःखेन गुरुणापि विचाल्यते ॥ ६-२२॥

इस अवस्था को प्राप्त करने से बढ़कर कोई अवस्था नहीं है, जिसमें रहकर तीव्र कष्टों से भी कष्ट का अनुभव नहीं होता।

तं विद्याद् दुःखसंयोगवियोगं योगसंज्ञितम् ।

स निश्चयेन योक्तव्यो योगोऽनिर्विण्णचेतसा ॥ ६-२३॥

आपको इस ज्ञान को जानना चाहिए क्योंकि यह दुख के संकट को आते ही दूर कर देता है। इस योग का अभ्यास निश्चित रूप से स्थिर मन से करना चाहिए।

सङ्कल्पप्रभवान्कामांस्त्यक्त्वा सर्वानशेषतः ।

मनसैवेन्द्रियग्रामं विनियम्य समन्ततः ॥ ६-२४॥

इंद्रियों की इच्छाओं को छोड़ने के ऐसे संकल्प से अंततः मन से इंद्रिय संतुष्टि पूरी तरह से हट जाती है।

शनैः शनैरुपरमेद् बुद्ध्या धृतिगृहीतया ।

आत्मसंस्थं मनः कृत्वा न किञ्चिदपि चिन्तयेत् ॥ ६-२५॥

धीरे-धीरे, एकाग्र ध्यान और आध्यात्मिक (दिव्य) ज्ञान के साथ, मन पूरी तरह से स्वयं के भीतर स्थिर हो जाता है, बिना कुछ और सोचे।

यतो यतो निश्चरति मनश्चञ्चलमस्थिरम् ।

ततस्ततो नियम्यैतदात्मन्येव वशं नयेत् ॥ ६-२६॥

जब भी मन बेचैन और अस्थिर हो जाए तो तुरंत मन को अपनी अंतरात्मा के वश में करना होगा।

प्रशान्तमनसं ह्येनं योगिनं सुखमुत्तमम् ।

उपैति शान्तरजसं ब्रह्मभूतमकल्मषम् ॥ ६-२७॥

ऐसे योग को सिद्ध करने वाला, वासना से मुक्त, पापपूर्ण प्रतिक्रियाओं से रहित, शांत मन वाला व्यक्ति निश्चित रूप से परम आनंद प्राप्त करता है।

युञ्जन्नेवं सदात्मानं योगी विगतकल्मषः ।

सुखेन ब्रह्मसंस्पर्शमत्यन्तं सुखमश्नुते ॥ ६-२८॥

इस प्रकार निरंतर आत्मचिंतन में लगा रहने वाला योगी पापों से दूर रहता है और आसानी से परम सत्य की अनुभूति प्राप्त कर आनंदमय सुख प्राप्त करता है।

सर्वभूतस्थमात्मानं सर्वभूतानि चात्मनि ।

ईक्षते योगयुक्तात्मा सर्वत्र समदर्शनः ॥ ६-२९॥

मुझे सर्वत्र और प्रत्येक जीवित शरीर में स्थित जानकर, परम सत्य को जान लेने वाला योगी, सब कुछ समभाव से देखता है।

यो मां पश्यति सर्वत्र सर्वं च मयि पश्यति ।

तस्याहं न प्रणश्यामि स च मे न प्रणश्यति ॥ ६-३०॥

जो लोग मुझे हर जगह और हर वस्तु में देखते हैं, वे न तो मुझे भूलते हैं और न ही मैं उन्हें भूलता हूं।

सर्वभूतस्थितं यो मां भजत्येकत्वमास्थितः ।

सर्वथा वर्तमानोऽपि स योगी मयि वर्तते ॥ ६-३१॥

सभी जीवित शरीरों में, सर्वत्र समान रूप से स्थित, मेरा चिंतन और भजन करने वाला, ऐसा योगी विभिन्न स्थानों पर रहते हुए भी मेरे भीतर रहता है।

आत्मौपम्येन सर्वत्र समं पश्यति योऽर्जुन ।

सुखं वा यदि वा दुःखं स योगी परमो मतः ॥ ६-३२॥

हे अर्जुन, जो सुख और दुःख में सर्वत्र समभाव से सभी जीवों को देखता है, ऐसा योगी मेरी राय में श्रेष्ठ है।

अर्जुन उवाच ।

योऽयं योगस्त्वया प्रोक्तः साम्येन मधुसूदन ।

एतस्याहं न पश्यामि चञ्चलत्वात्स्थितिं स्थिराम् ॥ ६-३३॥

अर्जुन बोलेः

हे कृष्ण (मधुसूदन), जैसा कि आपने योग में वर्णित किया है, सब कुछ समभाव से देखते हुए, मुझे मन की चंचल प्रकृति के कारण स्थिति में स्थिरता का अनुभव नहीं होता है।

चञ्चलं हि मनः कृष्ण प्रमाथि बलवद् दृढम् ।

तस्याहं निग्रहं मन्ये वायोरिव सुदुष्करम् ॥ ६-३४॥

हे कृष्ण; मन स्वभाव से चंचल, अशांत, मजबूत, दृढ है। मेरा मानना है कि इसे नियंत्रित करना चक्रवात से भी ज्यादा कठिन है।

श्रीभगवानुवाच ।

असंशयं महाबाहो मनो दुर्निग्रहं चलम् ।

अभ्यासेन तु कौन्तेय वैराग्येण च गृह्यते ॥ ६-३५॥

श्री भगवान (कृष्ण) ने कहाः

अर्जुन (महाबाहो); निस्संदेह, अनियंत्रित मन चंचल रहता है परन्तु अभ्यास और इंद्रियों से वैराग्य द्वारा इसे नियंत्रित किया जा सकता है, कौन्तेय (अर्जुन)।

असंयतात्मना योगो दुष्प्राप इति मे मतिः ।

वश्यात्मना तु यतता शक्योऽवाप्तुमुपायतः ॥ ६-३६॥

परंतु अनियंत्रित मन से योग सिद्ध नहीं हो सकता। मेरी राय में मन को नियंत्रित करना ही उसकी प्राप्ति का आसान साधन है।

अर्जुन उवाच ।

अयतिः श्रद्धयोपेतो योगाच्चलितमानसः ।

अप्राप्य योगसंसिद्धिं कां गतिं कृष्ण गच्छति ॥ ६-३७॥

अर्जुन बोलेः

कृष्ण; आस्था और चंचल मन के साथ किए गए योग के बारे में आपका क्या कहना है? पूर्ण योग की सिद्धि न होने का क्या नतीजा होता है?

कच्चिन्नोभयविभ्रष्टश्छिन्नाभ्रमिव नश्यति ।

अप्रतिष्ठो महाबाहो विमूढो ब्रह्मणः पथि ॥ ६-३८॥

कृष्ण (महाबाहो): क्या ऐसा नहीं है कि जो व्यक्ति दोनों (सन्यास और पुण्य कर्म) से विचलित हो जाता है, वह परम प्राप्ति के स्थापित मार्ग से भ्रमित होकर, बादलों के टुकड़ों की

तरह खुद को बर्बाद कर लेता है?

एतन्मे संशयं कृष्ण छेत्तुमर्हस्यशेषतः ।

त्वदन्यः संशयस्यास्य छेत्ता न ह्युपपद्यते ॥ ६-३९॥

हे कृष्ण, मैं अपने इस संदेह को लेकर आपसे निवेदन कर रहा हूं कि आप इसे पूरी तरह से दूर कर दें; इस संदेह को दूर करने के लिए आपके अतिरिक्त कोई भी नहीं है।

श्रीभगवानुवाच ।

पार्थ नैवेह नामुत्र विनाशस्तस्य विद्यते ।

न हि कल्याणकृत्कश्चिद् दुर्गतिं तात गच्छति ॥ ६-४०॥

श्री भगवान (कृष्ण) ने कहा:

हे अर्जुन, न तो यह जीवन नष्ट होता है और न ही अगला जीवन, क्योंकि पुण्य कर्म का कभी कोई दुष्प्रभाव नहीं होता।

प्राप्य पुण्यकृतां लोकानुषित्वा शाश्वतीः समाः ।

शुचीनां श्रीमतां गेहे योगभ्रष्टोऽभिजायते ॥ ६-४१॥

पुण्य कर्म करने पर मनुष्य इस संसार में कई वर्षों तक जीवित रहने के बाद दयालु और समृद्ध परिवार में जन्म लेता है।

अथवा योगिनामेव कुले भवति धीमताम् ।

एतद्धि दुर्लभतरं लोके जन्म यदीदृशम् ॥ ६-४२॥

या योग में शामिल एक दिव्य परिवार में जन्म लेता है; निश्चय ही ऐसा जन्म इस संसार में अत्यंत दुर्लभ है।

तत्र तं बुद्धिसंयोगं लभते पौर्वदेहिकम् ।

यतते च ततो भूयः संसिद्धौ कुरुनन्दन ॥ ६-४३॥

वहां व्यक्ति पिछले जीवन के दौरान अभ्यास किए गए योग के संयुक्त लाभ का ज्ञान प्राप्त करता है, और पूर्णता के लिए एक बार फिर प्रयास करता है।

पूर्वाभ्यासेन तेनैव ह्रियते ह्यवशोऽपि सः ।

जिज्ञासुरपि योगस्य शब्दब्रह्मातिवर्तते ॥ ६-४४॥

पूर्व जीवन के अभ्यास के कारण व्यक्ति निश्चित रूप से योग की जिज्ञासा की ओर आकर्षित होता है और परम सत्य के सिद्धांतों की ओर बढ़ता है।

प्रयत्नाद्यतमानस्तु योगी संशुद्धकिल्बिषः ।

अनेकजन्मसंसिद्धस्ततो याति परां गतिम् ॥ ६-४५॥

निरंतर प्रयास और लगन से किए गए अभ्यास से, योगी पापपूर्ण इच्छाओं को शुद्ध करता है। कई जन्मों तक इसे जारी रखने से दिव्य अवस्था प्राप्त होती है।

तपस्विभ्योऽधिको योगी ज्ञानिभ्योऽपि मतोऽधिकः ।

कर्मिभ्यश्चाधिको योगी तस्माद्योगी भवार्जुन ॥ ६-४६॥

एक तपस्वी योगी को ज्ञानियों से श्रेष्ठ कहा जाता है, परन्तु पुण्य कर्म करने वाला योगी उससे भी श्रेष्ठ है, अर्जुन।

योगिनामपि सर्वेषां मद्गतेनान्तरात्मना ।

श्रद्धावान्भजते यो मां स मे युक्ततमो मतः ॥ ६-४७॥

सभी योगियों में जो सदैव मुझे मन में स्मरण करता है, मेरे प्रति समर्पित होता है, श्रद्धापूर्वक मेरी पूजा करता है, वह मेरी दृष्टि में और भी श्रेष्ठ है।

7

ज्ञान विज्ञान योग

श्रीभगवानुवाच ।

मय्यासक्तमनाः पार्थ योगं युञ्जन्मदाश्रयः ।

असंशयं समग्रं मां यथा ज्ञास्यसि तच्छृणु ॥ ७-१॥

श्री भगवान (कृष्ण) ने कहा

मुझे पूर्ण रूप से जानने के लिए, बिना किसी संदेह के, मेरे प्रति पूर्ण समर्पण करते हुए, मुझमें मन को लीन कर, मेरी बात सुनो, अर्जुन (पार्थ)।

ज्ञानं तेऽहं सविज्ञानमिदं वक्ष्याम्यशेषतः ।

यज्ज्ञात्वा नेह भूयोऽन्यज्ज्ञातव्यमवशिष्यते ॥ ७-२॥

अब मैं तुम्हें उस अभूतपूर्व ज्ञान और उसकी अनुभूति का वर्णन करूंगा, जिसे जानने के बाद इस संसार में कुछ भी समझने को शेष नहीं रहता।

मनुष्याणां सहस्रेषु कश्चिद्यतति सिद्धये ।

यततामपि सिद्धानां कश्चिन्मां वेत्ति तत्त्वतः ॥ ७-३॥

हजारों व्यक्तियों में से शायद ही कोई आत्म-साक्षात्कार प्राप्त करने के लिए प्रयास करता है, और उनमें से भी शायद ही कोई आत्म-साक्षात्कार प्राप्त कर पाता है, और उनमें से भी शायद ही कोई मुझे सच्चे अर्थों में जानता है।

भूमिरापोऽनलो वायुः खं मनो बुद्धिरेव च ।

अहङ्कार इतीयं मे भिन्ना प्रकृतिरष्टधा ॥ ७-४॥

पृथ्वी, जल, अग्नि, वायु, आकाश, मन, बुद्धि और अहंकार, ये आठ विशिष्ट विभाग मेरी बाह्य ऊर्जा से हैं।

अपरेयमितस्त्वन्यां प्रकृतिं विद्धि मे पराम् ।

जीवभूतां महाबाहो ययेदं धार्यते जगत् ॥ ७-५॥

अर्जुन (महाबाहो), ऐसी बाहरी ऊर्जा सामान्य है परन्तु सर्वोच्च मेरी सीमांत ऊर्जा है जिसमें सभी जीवित शरीरों में अवतरित आत्माएं (आंतरिक ऊर्जा) शामिल हैं जिनसे यह

भौतिक संसार बना हुआ है।

एतद्योनीनि भूतानि सर्वाणीत्युपधारय ।

अहं कृत्स्नस्य जगतः प्रभवः प्रलयस्तथा ॥ ७-६॥

जान लें कि प्रत्येक जीव इन दो ऊर्जाओं द्वारा प्रकट होता है; मैं सभी संसारों का निर्माता, पालनकर्ता और संहारक हूं।

मत्तः परतरं नान्यत्किञ्चिदस्ति धनञ्जय ।

मयि सर्वमिदं प्रोतं सूत्रे मणिगणा इव ॥ ७-७॥

अर्जुन (धनंजय), मुझसे परे कुछ भी नहीं है; हर वस्तु गले में मोतियों की माला में धागे की तरह मुझसे जुड़ी हुई है।

रसोऽहमप्सु कौन्तेय प्रभास्मि शशिसूर्ययोः ।

प्रणवः सर्ववेदेषु शब्दः खे पौरुषं नृषु ॥ ७-८॥

पुण्यो गन्धः पृथिव्यां च तेजश्चास्मि विभावसौ ।

जीवनं सर्वभूतेषु तपश्चास्मि तपस्विषु ॥ ७-९॥

अर्जुन (कौन्तेय), मैं जल का अमृत (जीवन का आधार), सूर्य और चंद्रमा की चमक (ऊर्जा का आधार), ज्ञान का आदि शब्द (ज्ञान का आधार), ध्वनि का सूक्ष्म तत्व (ध्वनि का आधार), मनुष्य की साहसी क्षमता (शक्ति का आधार), पृथ्वी की पवित्र सुगंध (बसने का आधार), अग्नि की गर्मी (दहन का आधार), जीवों की जीवन शक्ति (कल्याण का आधार), और तपस्वी की तपस्या (क्षमा का आधार) हूं।

बीजं मां सर्वभूतानां विद्धि पार्थ सनातनम् ।

बुद्धिर्बुद्धिमतामस्मि तेजस्तेजस्विनामहम् ॥ ७-१०॥

अर्जुन (पार्थ), इस प्रकार मुझे सभी जीवों का शाश्वत मूल, बुद्धिमानों की बुद्धि और महिमा की शक्ति के रूप में जानो।

बलं बलवतां चाहं कामरागविवर्जितम् ।

धर्माविरुद्धो भूतेषु कामोऽस्मि भरतर्षभ ॥ ७-११॥

अर्जुन (भरतर्षभ), मैं इच्छा और आसक्ति रहित उन शक्तिशाली लोगों की शक्ति हूं, और उन सभी जीवों के लिए ऊर्जा हूं जो धर्म के विरुद्ध गतिविधियों में शामिल नहीं हैं।

ये चैव सात्त्विका भावा राजसास्तामसाश्च ये ।

मत्त एवेति तान्विद्धि न त्वहं तेषु ते मयि ॥ ७-१२॥

जान लें कि सभी जीवित शरीर सतोगुण, रजोगुण और तमोगुणभाव में हैं। यद्यपि वे (भाव/गुण) मुझसे प्रकट हुए हैं, तथापि मैं उनमें नहीं हूं।

त्रिभिर्गुणमयैर्भावैरेभिः सर्वमिदं जगत् ।

मोहितं नाभिजानाति मामेभ्यः परमव्ययम् ॥ ७-१३॥

संपूर्ण ब्रह्मांड मेरी बाह्य ऊर्जा के इन तीन भावों से भ्रमित है; उन (सभी) से मोहित होकर कोई मुझे (परमात्मा) नहीं समझ पाता है और इस प्रकार मैं उनसे परे हूं।

दैवी ह्येषा गुणमयी मम माया दुरत्यया ।

मामेव ये प्रपद्यन्ते मायामेतां तरन्ति ते ॥ ७-१४॥

मेरे भावों के इस दिव्य भ्रम पर काबू पाना कठिन है, परन्तु जो मेरे प्रति समर्पण करते हैं, वे इस भ्रम से बाहर आने में सक्षम होते हैं।

न मां दुष्कृतिनो मूढाः प्रपद्यन्ते नराधमाः ।

माययापहृतज्ञाना आसुरं भावमाश्रिताः ॥ ७-१५॥

जो लोग अनाचार, मूर्खता, अमानवीयता में लिप्त हैं, वे मेरी शरण में नहीं आते हैं, वे इस माया के वशीभूत होकर दुष्ट स्वभाव के हो जाते हैं।

चतुर्विधा भजन्ते मां जनाः सुकृतिनोऽर्जुन ।

आर्तो जिज्ञासुरर्थार्थी ज्ञानी च भरतर्षभ ॥ ७-१६॥

हे अर्जुन, चार प्रकार के व्यक्ति मेरी पूजा करते हैं; व्यथित, जिज्ञासु, धन पिपासु (धन चाहने वाला) और ज्ञानी।

तेषां ज्ञानी नित्ययुक्त एकभक्तिर्विशिष्यते ।

प्रियो हि ज्ञानिनोऽत्यर्थमहं स च मम प्रियः ॥ ७-१७॥

इनमें ज्ञानी तो सदैव भक्तिशील और विशिष्ट होते हैं; उन ज्ञानियों को मैं प्रिय हूँ और वे मुझे प्रिय हैं।

उदाराः सर्व एवैते ज्ञानी त्वात्मैव मे मतम् ।

आस्थितः स हि युक्तात्मा मामेवानुत्तमां गतिम् ॥ ७-१८॥

वे सभी निश्चय ही योग्य हैं, परंतु मेरी राय में जो ज्ञानी मुझमें सदैव लीन रहता है, वह शीघ्र ही मेरे पास आ जाता है।

बहूनां जन्मनामन्ते ज्ञानवान्मां प्रपद्यते ।

वासुदेवः सर्वमिति स महात्मा सुदुर्लभः ॥ ७-१९॥

इस प्रकार, असंख्य जन्मों के बाद, कोई व्यक्ति ज्ञान में पूर्णता प्राप्त करता है और मेरी पूजा करता है; जो मुझे परमेश्वर समझता है, वह महान आत्मा है और अत्यंत दुर्लभ है।

कामैस्तैस्तैर्हृतज्ञानाः प्रपद्यन्तेऽन्यदेवताः ।

तं तं नियममास्थाय प्रकृत्या नियताः स्वया ॥ ७-२०॥

जिनके पास ज्ञान नहीं है, वे विभिन्न इच्छाओं को पूरा करने के लिए पारंपरिक अनुष्ठानों और अनुष्ठानों के अनुसार, अन्य देवताओं की पूजा करते हैं, उनकी प्रकृति को अपनाते हैं।

यो यो यां यां तनुं भक्तः श्रद्धयार्चितुमिच्छति ।

तस्य तस्याचलां श्रद्धां तामेव विदधाम्यहम् ॥ ७-२१॥

जैसे-जैसे भक्त को देवता पर अधिक से अधिक विश्वास होता है, मैं निश्चित रूप से उस पर विश्वास बनाए रखता हूं।

स तया श्रद्धया युक्तस्तस्याराधनमीहते ।

लभते च ततः कामान्मयैव विहितान्हि तान् ॥ ७-२२॥

दृढ़ विश्वास से संपन्न, देवता की पूजा करने वाले को देवता से उन इच्छाओं को पूरा करने का लाभ मिलता है।

अन्तवत्तु फलं तेषां तद्भवत्यल्पमेधसाम् ।
देवान्देवयजो यान्ति मद्भक्ता यान्ति मामपि ॥ ७-२३॥

देवताओं के अल्पबुद्धि भक्तों के लिए तो फल, अल्पकाल का, क्षणिक ही होता है; परन्तु मेरे भक्त मुझे प्राप्त होते हैं।

अव्यक्तं व्यक्तिमापन्नं मन्यन्ते मामबुद्धयः ।
परं भावमजानन्तो ममाव्ययमनुत्तमम् ॥ ७-२४॥

जो मुझे अभिव्यक्ति से परे, अविनाशी, श्रेष्ठ और सर्वोच्च समझता है, उसी अनुसार मेरी पूजा करता है।

नाहं प्रकाशः सर्वस्य योगमायासमावृतः ।
मूढोऽयं नाभिजानाति लोको मामजमव्ययम् ॥ ७-२५॥

मैं अजन्मा और अविनाशी हूं, दूसरों की तरह दिव्य माया में प्रकट नहीं हूं; अज्ञानी मुझे नहीं समझ सकते।

वेदाहं समतीतानि वर्तमानानि चार्जुन ।
भविष्याणि च भूतानि मां तु वेद न कश्चन ॥ ७-२६॥

अर्जुन; मैं सभी जीवों के भूत, वर्तमान और भविष्य को पूरी तरह से जानता हूं, परन्तु मुझे कोई भी नहीं जानता।

इच्छाद्वेषसमुत्थेन द्वन्द्वमोहेन भारत ।
सर्वभूतानि सम्मोहं सर्गे यान्ति परन्तप ॥ ७-२७॥

अर्जुन (भारत); ब्रह्मांड की शुरुआत से सभी जीव इच्छा और द्वेष से निर्मित द्वंद्व के भ्रम में हैं; परंतप (अर्जुन)।

येषां त्वन्तगतं पापं जनानां पुण्यकर्मणाम् ।
ते द्वन्द्वमोहनिर्मुक्ता भजन्ते मां दृढव्रताः ॥ ७-२८॥

परंतु जो पाप और पुण्य को समझते हैं, पुण्य कर्म करते हैं, द्वंद्व के भ्रम से मुक्त होते हैं, भक्तिपूर्वक मेरी पूजा करते हैं।

जरामरणमोक्षाय मामाश्रित्य यतन्ति ये ।
ते ब्रह्म तद्विदुः कृत्स्नमध्यात्मं कर्म चाखिलम् ॥ ७-२९॥

बुढ़ापे और मृत्यु के कष्टों से मुक्त होकर, वे मेरी शरण लेते हैं एवं परम (ईश्वर) और क्रिया - प्रतिक्रिया के संपूर्ण विषय को जानकर आत्म-साक्षात्कार की स्थिति तक पहुँचते हैं।

साधिभूताधिदैवं मां साधियज्ञं च ये विदुः ।
प्रयाणकालेऽपि च मां ते विदुर्युक्तचेतसः ॥ ७-३०॥

जो लोग मुझे सभी देवताओं और जीवों से ऊपर सर्वोच्च (भगवान) के रूप में जानते हैं, वे मृत्यु के क्षण में भी मुझे समझते और याद करते हैं।

• 45 •

8

ब्रह्म योग

अर्जुन उवाच ।

किं तद् ब्रह्म किमध्यात्मं किं कर्म पुरुषोत्तम ।

अधिभूतं च किं प्रोक्तमधिदैवं किमुच्यते ॥ ८-१॥

अधियज्ञः कथं कोऽत्र देहेऽस्मिन्मधुसूदन ।

प्रयाणकाले च कथं ज्ञेयोऽसि नियतात्मभिः ॥ ८-२॥

अर्जुन बोलेः

कृष्ण (पुरुषोत्तम), सर्वोच्च क्या है? आत्मबोध क्या है? कर्म क्या है? सार्वभौमिक अस्तित्व का सिद्धांत क्या है?

कृष्ण (मधुसूदन), शरीर के भीतर नियंत्रक कौन है? यह कहाँ स्थित है और मृत्यु के क्षण में कोई अभिप्रायपूर्वक(जानबूझकर) इसके प्रति कैसे सचेत हो सकता है?

श्रीभगवानुवाच ।

अक्षरं ब्रह्म परमं स्वभावोऽध्यात्ममुच्यते ।

भूतभावोद्भवकरो विसर्गः कर्मसंज्ञितः ॥ ८-३॥

श्री भगवान (कृष्ण) ने कहाः

अविनाशी ब्रह्म (परमात्मा) और उसकी वास्तविकता को जानना ही आत्म-साक्षात्कार है। उत्पत्ति से वर्तमान अवस्था तक की यात्रा के बीच जीवों द्वारा क्रियाकलाप करना ही कर्म कहलाता है।

अधिभूतं क्षरो भावः पुरुषश्चाधिदैवतम् ।

अधियज्ञोऽहमेवात्र देहे देहभृतां वर ॥ ८-४॥

शरीर में परमात्मा की सर्वव्यापकता होते हुए भी, भाव दिव्यता का परिमार्जन करते हैं और शरीर के भीतर स्थित मैं, नियंत्रक होने के नाते, निश्चित रूप से, किए गए कार्यों को देखता हूं।

अन्तकाले च मामेव स्मरन्मुक्त्वा कलेवरम् ।

यः प्रयाति स मद्भावं याति नास्त्यत्र संशयः ॥ ८-५॥

मृत्यु के क्षण में जो मेरा स्मरण करता है और शरीर त्यागता है, वह ईश्वरीय स्वभाव को प्राप्त करता है, इसमें कोई संदेह नहीं है।

यं यं वापि स्मरन्भावं त्यजत्यन्ते कलेवरम् ।

तं तमेवैति कौन्तेय सदा तद्भावभावितः ॥ ८-६॥

अर्जुन (कौन्तेय); शरीर त्यागते समय जो भाव होता है, वह उस भाव में (जीवनकाल में) लीन रहकर निरंतर चिंतन करने के कारण होता है।

तस्मात्सर्वेषु कालेषु मामनुस्मर युध्य च ।

मय्यर्पितमनोबुद्धिर्मामेवैष्यस्यसंशयः ॥ ८-७॥

इसलिए हर समय मेरा स्मरण करते हुए, अपनी बुद्धि और ज्ञान को मुझमें समर्पित कर, मुझे प्राप्त करने के लिए किसी भी प्रकार की आशंका छोड़कर युद्ध करो।

अभ्यासयोगयुक्तेन चेतसा नान्यगामिना ।

परमं पुरुष दिव्यं याति पार्थानुचिन्तयन् ॥ ८-८॥

अर्जुन (पार्थ), जो लोग दिव्यता प्राप्त करने के लिए कहीं और ध्यान भटकाए बिना चेतना के साथ योग का अभ्यास करते हैं, ऐसे महान लोग सदैव (हमेशा) मेरा चिंतन करते हैं।

कविं पुराणमनुशासितार मणोरणीयंसमनुस्मरेद्यः ।

सर्वस्य धातारमचिन्त्यरूप मादित्यवर्णं तमसः परस्तात् ॥ ८-९॥

मुझे सर्वज्ञ, आदि, नियंत्रक, अकल्पनीय रूप में परमाणु से भी छोटा, फिर भी सबका पालनकर्ता, सूर्य के समान देदीप्यमान, दिव्य के रूप में याद रखो।

प्रयाणकाले मनसाऽचलेन भक्त्या युक्तो योगबलेन चैव ।

भ्रुवोर्मध्ये प्राणमावेश्य सम्यक् स तं परं पुरुषमुपैति दिव्यम् ॥ ८-१०॥

भक्ति और अविचल मन के साथ योग में संलग्न व्यक्ति, दिव्यता प्राप्त कर मृत्यु के समय भौंहों के बीच जीवन श्वास को स्थापित करता है।

यदक्षरं वेदविदो वदन्ति विशन्ति यद्यतयो वीतरागाः ।

यदिच्छन्तो ब्रह्मचर्यं चरन्ति तत्ते पदं सङ्ग्रहेण प्रवक्ष्ये ॥ ८-११॥

मैं तुम्हें ज्ञानियों द्वारा बताए गए, कामुक इच्छाओं से रहित तपस्वियों द्वारा बताए गए मार्ग को समझाऊंगा, जिस पर ब्रह्मचारी चलना पसंद करते हैं।

सर्वद्वाराणि संयम्य मनो हृदि निरुध्य च ।

मूर्ध्न्याधायात्मनः प्राणमास्थितो योगधारणाम् ॥ ८-१२॥

सभी इंद्रियों को नियंत्रित कर, मन को स्वयं में स्थिर कर के, आत्म-साक्षात्कार में संलग्न होकर, ध्यान (योग) में मन को केंद्रित कर जीवन शक्ति को रोकें।

ओमित्येकाक्षरं ब्रह्म व्याहरन्मामनुस्मरन् ।

यः प्रयाति त्यजन्देहं स याति परमां गतिम् ॥ ८-१३॥

परमेश्वर को जानकर, सदैव मेरा स्मरण करते हुए, इस प्रकार शरीर का त्याग करने से परम दिव्यता प्राप्त होती है।

अनन्यचेताः सततं यो मां स्मरति नित्यशः ।
तस्याहं सुलभः पार्थ नित्ययुक्तस्य योगिनः ॥ ८-१४॥

अर्जुन (पार्थ); निरंतर मेरे स्मरण में लगे रहने वाले, दूसरों की ओर भटके बिना, सदैव आत्म-साक्षात्कार में लगे रहने वाले योगी के लिए मैं आसानी से उपलब्ध हो जाता हूं।

मामुपेत्य पुनर्जन्म दुःखालयमशाश्वतम् ।
नाप्नुवन्ति महात्मानः संसिद्धिं परमां गताः ॥ ८-१५॥

सर्वोच्च लक्ष्य (मोक्ष) प्राप्त करने वाली महान आत्माएं दुखों से भरा हुआ पुनर्जन्म नहीं लेती हैं।

आब्रह्मभुवनाल्लोकाः पुनरावर्तिनोऽर्जुन ।
मामुपेत्य तु कौन्तेय पुनर्जन्म न विद्यते ॥ ८-१६॥

अर्जुन, ब्रह्मांड के विभिन्न लोकों के सभी लोग पुनर्जन्म लेते हैं, परन्तु कौन्तेय (अर्जुन), मुझे (मोक्ष) प्राप्त करने वालों का कोई पुनर्जन्म नहीं होता है।

सहस्रयुगपर्यन्तमहर्यद् ब्रह्मणो विदुः ।
रात्रिं युगसहस्रान्तां तेऽहोरात्रविदो जनाः ॥ ८-१७॥

ब्रह्मांड (ब्रह्मा) का दिन हजारों वर्षों की अवधि का होता है और उसके बाद हजारों वर्षों की रात आती है; जानकार इसे जानते हैं।

अव्यक्ताद् व्यक्तयः सर्वाः प्रभवन्त्यहरागमे ।
रात्र्यागमे प्रलीयन्ते तत्रैवाव्यक्तसंज्ञके ॥ ८-१८॥

दिन (ब्रह्माण्ड/ब्रम्हा का दिन) के उदय के साथ, सभी जीवित शरीर अव्यक्त (परमेश्वर) से निर्मित होते हैं और उसकी रात के आगमन पर, वे अव्यक्त में गायब हो जाते हैं।

भूतग्रामः स एवायं भूत्वा भूत्वा प्रलीयते ।
रात्र्यागमेऽवशः पार्थ प्रभवत्यहरागमे ॥ ८-१९॥

अर्जुन (पार्थ), इस दिन के उदय के समय असंख्य जीव जन्म लेते हैं और रात्रि के आगमन (प्रलय) के समय लुप्त हो जाते हैं, और फिर से एक नए दिन का प्राकट्य होता है।

परस्तस्मातु भावोऽन्योऽव्यक्तोऽव्यक्तात्सनातनः ।
यः स सर्वेषु भूतेषु नश्यत्सु न विनश्यति ॥ ८-२०॥

लेकिन शाश्वत अव्यक्त है, ऐसी शक्तियां हैं, जो कभी नष्ट नहीं होती हैं और ब्रह्मा के दिन और रात से परे हैं।

अव्यक्तोऽक्षर इत्युक्तस्तमाहुः परमां गतिम् ।
यं प्राप्य न निवर्तन्ते तद्धाम परमं मम ॥ ८-२१॥

ऐसा अव्यक्त है कि ऐसी अविनाशी अवस्था को प्राप्त करना ही सर्वोच्च लक्ष्य है, और उस अवस्था तक पहुँचने के बाद, कोई व्यक्ति भौतिक संसार में वापस नहीं आता है, मेरे (सर्वोच्च) स्थान (मोक्ष) में ही रहता है।

पुरुषः स परः पार्थ भक्त्या लभ्यस्त्वनन्यया ।

यस्यान्तःस्थानि भूतानि येन सर्वमिदं ततम् ॥ ८-२२॥

अर्जुन (पार्थ), सर्वोच्च (भगवान) जिनसे बड़ा कुछ नहीं है, सभी जीवों के भीतर स्थित है, जिनकी अनन्य भक्ति के माध्यम से सब कुछ प्राप्त किया जा सकता है।

यत्र काले त्वनावृत्तिमावृत्तिं चैव योगिनः ।

प्रयाता यान्ति तं कालं वक्ष्यामि भरतर्षभ ॥ ८-२३॥

अर्जुन (भरतर्षभ), अब मैं जन्म और पुनर्जन्म से मुक्ति पाने के लिए इस संसार को छोड़ने के लिए सही चरण का वर्णन करूंगा।

अग्निज्र्योतिरहः शुक्लः षण्मासा उत्तरायणम् ।

तत्र प्रयाता गच्छन्ति ब्रह्म ब्रह्मविदो जनाः ॥ ८-२४॥

दिव्यता के जानकार, आत्म-बोध की अग्नि से तपकर, सूर्य की गर्मी और पूर्णिमा की शीतलता से प्रकाशयुक्त ज्ञान प्राप्त कर, उत्तरायण के दौरान मृत्यु प्राप्त करने वाले मेरे स्थान को प्राप्त करते हैं।

धूमो रात्रिस्तथा कृष्णः षण्मासा दक्षिणायनम् ।

तत्र चान्द्रमसं ज्योतिर्योगी प्राप्य निवर्तते ॥ ८-२५॥

जिन्होंने ज्ञान का प्रकाश प्राप्त कर लिया और भक्ति (ज्योतिर योगी) में शामिल हो गए, परन्तु अभी भी इसकी पूर्णता प्राप्त नहीं की है, जैसे ज्ञान धुएं से ढका हुआ है या रात के अंधेरे से या ढलते चंद्रमा से; ग्रीष्म संक्रांति और शीतकालीन संक्रांति के बीच दक्षिणायन के दौरान इस संसार को छोड़कर जाने वाले पुनर्जन्म लेते हैं।

शुक्लकृष्णे गती ह्येते जगतः शाश्वते मते ।

एकया यात्यनावृत्तिमन्ययावर्तते पुनः ॥ ८-२६॥

शाश्वत मान्यता के अनुसार, ब्रह्मांड में प्रकाश और अंधकारमय मार्ग हैं; एक मुक्ति की ओर ले जाता है और दूसरा ब्रह्मांड में फिर से लौटने की ओर ले जाता है।

नैते सृती पार्थ जानन्योगी मुह्यति कश्चन ।

तस्मात्सर्वेषु कालेषु योगयुक्तो भवार्जुन ॥ ८-२७॥

अर्जुन (पार्थ), इन दोनों मार्गों का ज्ञान होने पर मनुष्य मोह में नहीं पड़ता; इसलिए सदैव देवत्व और आत्म-साक्षात्कार के मार्ग पर चलो, हे अर्जुन।

वेदेषु यज्ञेषु तपःसु चैव दानेषु यत्पुण्यफलं प्रदिष्टम् ।

अत्येति तत्सर्वमिदं विदित्वा योगी परं स्थानमुपैति चाद्यम् ॥ ८-२८॥

जो ज्ञानी लोग अनुष्ठान, तप, दान में लगे हुए हैं, यह सब जानते हुए, दिव्यता की पूर्णता प्राप्त कर, मेरे पद को प्राप्त करते हैं।

९

गूढ़ ज्ञान योग

श्रीभगवानुवाच ।

इदं तु ते गुह्यतमं प्रवक्ष्याम्यनसूयवे ।

ज्ञानं विज्ञानसहितं यज्ज्ञात्वा मोक्ष्यसेऽशुभात् ॥ ९-१॥

श्री भगवान (कृष्ण) ने कहा:

अब मैं तुम्हें ईर्ष्यारहित, बुद्धिमानों के लिए गूढ़ ज्ञान, आत्म-साक्षात्कार का ज्ञान समझाऊंगा, जिसे जानकर तुम भौतिक संसार के दुखों से मुक्त हो जाओगे।

राजविद्या राजगुह्यं पवित्रमिदमुत्तमम् ।

प्रत्यक्षावगमं धर्म्यं सुसुखं कर्तुमव्ययम् ॥ ९-२॥

यह संप्रभु रहस्यमय ज्ञान शुद्ध करने वाला, श्रेष्ठ, प्रत्यक्ष अनुभूति से ग्रहण करने योग्य, धर्मयुक्त, आनंददायक, क्रियाशील, चिरस्थायी है।

अश्रद्दधानाः पुरुषा धर्मस्यास्य परन्तप ।

अप्राप्य मां निवर्तन्ते मृत्युसंसारवर्त्मनि ॥ ९-३॥

अर्जुन (परंतप); धार्मिकता से रहित व्यक्ति, मुझे प्राप्त करने में असमर्थ, इस भौतिक संसार में जन्म और मृत्यु के निरंतर दुखी चक्र से गुजरते हैं।

मया ततमिदं सर्वं जगदव्यक्तमूर्तिना ।

मत्स्थानि सर्वभूतानि न चाहं तेष्ववस्थितः ॥ ९-४॥

संपूर्ण ब्रह्मांड के सभी जीव मुझमें व्याप्त हैं, मेरे द्वारा पोषित हैं, परन्तु मैं उन जीवों द्वारा पोषित नहीं हूं।

न च मत्स्थानि भूतानि पश्य मे योगमैश्वरम् ।

भूतभृन्न च भूतस्थो ममात्मा भूतभावनः ॥ ९-५॥

कर्म करने के साथ-साथ मेरे अद्वितीय ऐश्वर्य को देखो। सभी जीवों का पालनकर्ता और सभी जीवों का रक्षक होने के बावजूद, मैं उनकी भौतिक प्रकृति से प्रभावित नहीं होता हूं।

यथाकाशस्थितो नित्यं वायुः सर्वत्रगो महान् ।

तथा सर्वाणि भूतानि मत्स्थानीत्युपधारय ॥ ९-६॥

समझो, जैसे सर्वत्र बहने वाली प्रचंड वायु सदैव अंतरिक्ष को भर देती है, उसी प्रकार सभी जीव मुझमें समाहित (स्थित) हैं।

सर्वभूतानि कौन्तेय प्रकृतिं यान्ति मामिकाम् ।

कल्पक्षये पुनस्तानि कल्पादौ विसृजाम्यहम् ॥ ९-७॥

अर्जुन (कौन्तेय); एक कल्प (ब्रह्मा के दिन की अवधि) के अंत में, सभी जीव मुझमें प्रवेश करते हैं और दूसरे कल्प (ब्रह्मा की रात की अवधि) के बाद, मैं उन्हें फिर से बनाता हूँ।

प्रकृतिं स्वामवष्टभ्य विसृजामि पुनः पुनः ।

भूतग्राममिमं कृत्स्नमवशं प्रकृतेर्वशात् ॥ ९-८॥

मैं अपनी अलौकिक शक्ति (माया) से इन सभी असंख्य को उनकी भौतिक प्रकृति के अनुसार बार-बार बनाता हूं।

न च मां तानि कर्माणि निबध्नन्ति धनञ्जय ।

उदासीनवदासीनमसक्तं तेषु कर्मसु ॥ ९-९॥

अर्जुन (धनंजय); उनके भौतिक कर्म मुझे कभी नहीं बांधते। मैं उनके द्वारा किए गए कार्यों के प्रति तटस्थ और अनासक्त रहता हूं।

मयाध्यक्षेण प्रकृतिः सूयते सचराचरम् ।

हेतुनानेन कौन्तेय जगद्विपरिवर्तते ॥ ९-१०॥

सभी जीवित और निर्जीव शरीर मेरे आदेश पर मेरी अलौकिक शक्ति (माया) से निर्मित होते हैं; इसी कारण ब्रह्माण्ड बार-बार बदलता रहता है।

अवजानन्ति मां मूढा मानुषीं तनुमाश्रितम् ।

परं भावमजानन्तो मम भूतमहेश्वरम् ॥ ९-११॥

अज्ञानी मुझे मनुष्य पर निर्भर मानते हैं और सभी जीवों पर अंतिम नियंत्रण की मेरी सर्वोच्च प्रकृति को समझने में असमर्थ हैं।

मोघाशा मोघकर्माणो मोघ ज्ञाना विचेतसः ।

राक्षसीमासुरीं चैव प्रकृतिं मोहिनीं श्रिताः ॥ ९-१२॥

निरर्थक इच्छाएँ, व्यर्थ कर्म, व्यर्थ ज्ञान और व्यर्थ समझ वाले ये मोहग्रस्त अज्ञानी निश्चित रूप से शैतान और राक्षसों की प्रकृति को अपनाते हैं।

महात्मानस्तु मां पार्थ दैवीं प्रकृतिमाश्रिताः ।

भजन्त्यनन्यमनसो ज्ञात्वा भूतादिमव्ययम् ॥ ९-१३॥

अर्जुन (पार्थ); दिव्य प्रकृति पर निर्भर रहने वाली महान आत्माएं, मुझे सभी जीवों के अविनाशी निर्माता के रूप में जानकर, अविचलित मन से मेरी भक्ति करती हैं।

सततं कीर्तयन्तो मां यतन्तश्च दृढव्रताः ।

नमस्यन्तश्च मां भक्त्या नित्ययुक्ता उपासते ॥ ९-१४॥

मेरे परम तेज का निरंतर स्मरण करते हुए, समर्पित,निश्चयी, विनम्र, मेरे भक्त सदैव मुझे भजते हैं।

ज्ञानयज्ञेन चाप्यन्ये यजन्तो मामुपासते ।
एकत्वेन पृथक्त्वेन बहुधा विश्वतोमुखम् ॥ ९-१५॥

और अन्य, अर्पण के ज्ञान के साथ, मेरी एकल और विशिष्ट रूप में पूजा करते हैं, जो अक्सर ब्रह्मांड में विभिन्न रूपों में प्रकट होता है।

अहं क्रतुरहं यज्ञः स्वधाहमहमौषधम् ।
मन्त्रोऽहमहमेवाज्यमहमग्निरहं हुतम् ॥ ९-१६॥

अनुष्ठान में पवित्र अग्नि आहुतियों में, मैं यज्ञ का भाव हूं, मैं यज्ञ का कार्य हूं, मैं यज्ञ में जड़ी-बूटियां हूं, मैं घी हूं, मैं अग्नि हूं, मैं यज्ञ कार्य में मंत्र हूं।

पिताहमस्य जगतो माता धाता पितामहः ।
वेद्यं पवित्रमोङ्कार ऋक्साम यजुरेव च ॥ ९-१७॥

मैं इस ब्रह्मांड का पिता, माता, पूर्वज, दादा और वेद ऋग्वेद, सामवेद और यजुर्वेद का पवित्र ओम (जिस ध्वनि से सब कुछ उत्पन्न होता है) हूं।

गतिर्भर्ता प्रभुः साक्षी निवासः शरणं सुहृत् ।
प्रभवः प्रलयः स्थानं निधानं बीजमव्ययम् ॥ ९-१८॥

मैं लहराती हुई ध्वजा में गति (जीवन प्रदाता), आश्रय चाहने वाले साक्षी के लिए शुभचिंतक गुरु (मेरे शरण में आने वाले व्यथितों के प्रति दयालु), प्रलय के घातक स्थान में अविनाशी बीज (निर्माता) हूं।

तपाम्यहमहं वर्षं निगृह्णाम्युत्सृजामि च ।
अमृतं चैव मृत्युश्च सदसच्चाहमर्जुन ॥ ९-१९॥

अर्जुन; मैं गर्मी हूं, मैं वर्षा हूं, मैं उत्सर्जन और संकल्प हूं, मैं अमरता और मृत्यु हूं और मैं अस्तित्ववान और अस्तित्वहीन हूं।

त्रैविद्या मां सोमपाः पूतपापा यज्ञैरिष्ट्वा स्वर्गतिं प्रार्थयन्ते ।
ते पुण्यमासाद्य सुरेन्द्रलोक मश्नन्ति दिव्यान्दिवि देवभोगान् ॥ ९-२०॥

तीन वेदों के ज्ञाता उनके अमृत से पापों से शुद्ध हो जाते हैं, और देवत्व प्राप्त करने के लिए मुझसे प्रार्थना करते हैं; वे अपने गुणों के अनुसार देवत्व का आनंद लेते हैं और स्वर्गलोक (इंद्रलोक) में जाते हैं।

ते तं भुक्त्वा स्वर्गलोकं विशालं क्षीणे पुण्ये मर्त्यलोकं विशन्ति ।
एवं त्रयीधर्ममनुप्रपन्ना गतागतं कामकामा लभन्ते ॥ ९-२१॥

जो लोग इंद्रलोक (स्वर्ग स्थान) का अधिक आनंद लेते हैं, वे अपने गुणों को कम कर भौतिक संसार में लौट आते हैं और तीन वेदों के सिद्धांत के अनुसार इच्छाओं के प्रति आसक्ति के कारण सुख और दुख (जन्म और मृत्यु) के चक्र का अनुभव करते हैं।

अनन्याश्चिन्तयन्तो मां ये जनाः पर्युपासते ।

तेषां नित्याभियुक्तानां योगक्षेमं वहाम्यहम् ॥ ९-२२॥

अन्य लोग जो मेरे शाश्वत सान्निध्य की इच्छा रखते हैं, समर्पित भाव से मुझे याद करते हैं, उनके लिए मैं उनके लक्ष्य को उनकी शाश्वत चेतना के साथ जोड़ना सुनिश्चित करता हूँ।

येऽप्यन्यदेवता भक्ता यजन्ते श्रद्धयान्विताः ।

तेऽपि मामेव कौन्तेय यजन्त्यविधिपूर्वकम् ॥ ९-२३॥

हे अर्जुन (कौन्तेय), जो भक्त अन्य देवताओं की पूजा श्रद्धापूर्वक करते हैं, वे केवल मेरी ही पूजा करते हैं, परंतु विधिपूर्वक नहीं।

अहं हि सर्वयज्ञानां भोक्ता च प्रभुरेव च ।

न तु मामभिजानन्ति तत्त्वेनातश्च्यवन्ति ते ॥ ९-२४॥

मैं ही परम प्राप्तिकर्ताऔर परम देवता (भगवान) हूं, परन्तु वे नहीं समझते, परिणामस्वरूप सुख और दुख (जन्म और मृत्यु) के चक्र में फंस जाते हैं।

यान्ति देवव्रता देवान्पितृन्यान्ति पितृव्रताः ।

भूतानि यान्ति भूतेज्या यान्ति मद्याजिनोऽपि माम् ॥ ९-२५॥

देवताओं के पूजक देवताओं के समान, पितरों के पूजक पितरों के समान, भूत-प्रेतों के पूजक भूत-प्रेतों के समान और मेरे उपासक मेरे समान सोचते हैं।

पत्रं पुष्पं फलं तोयं यो मे भक्त्या प्रयच्छति ।

तदहं भक्त्युपहृतमश्नामि प्रयतात्मनः ॥ ९-२६॥

जो कोई मुझे भक्तिपूर्वक पत्र, पुष्प, फल अथवा जल अर्पण करता है, मैं पवित्र हृदय से उसका अर्पण स्नेहपूर्वक स्वीकार कर लेता हूँ।

यत्करोषि यदश्नासि यज्जुहोषि ददासि यत् ।

यत्तपस्यसि कौन्तेय तत्कुरुष्व मदर्पणम् ॥ ९-२७॥

अर्जुन (कौन्तेय), तुम जो भी कर्म करते हो, जो भी खाते हो, जो भी अनुष्ठान करते हो, जो भी दान करते हो, जो भी तप करते हो, वह सब तुम्हें मुझे अर्पण करना चाहिए।

शुभाशुभफलैरेवं मोक्ष्यसे कर्मबन्धनैः ।

संन्यासयोगयुक्तात्मा विमुक्तो मामुपैष्यसि ॥ ९-२८॥

इस प्रकार, तुम कर्म करने के शुभ या अशुभ परिणामों से मुक्त हो जाओगे; संन्यासयोग से युक्त होकर तुम मेरे पास आओगे।

समोऽहं सर्वभूतेषु न मे द्वेष्योऽस्ति न प्रियः ।

ये भजन्ति तु मां भक्त्या मयि ते तेषु चाप्यहम् ॥ ९-२९॥

सभी जीव मेरे लिए समान हैं, मेरा कोई मित्र या शत्रु नहीं है; परन्तु जो भक्तिपूर्वक मेरी उपासना करते हैं, मैं उन में हूं और वे मुझ में हैं।

अपि चेत्सुदुराचारो भजते मामनन्यभाक् ।

साधुरेव स मन्तव्यः सम्यग्व्यवसितो हि सः ॥ ९-३०॥

यदि कोई व्यक्ति सदैव मेरी ही पूजा करता है, तो वह पवित्र माना जाता है, भले ही वह निर्धारित विधि की उपेक्षा करता हो।

क्षिप्रं भवति धर्मात्मा शश्वच्छान्तिं निगच्छति ।

कौन्तेय प्रतिजानीहि न मे भक्तः प्रणश्यति ॥ ९-३१॥

हे अर्जुन (कौन्तेय), यह अच्छी तरह समझ ले कि मेरी भक्ति कभी नष्ट नहीं होती; यहां तक कि एक अस्थिर भक्त भी संत बन जाता है और स्थायी शांति प्राप्त करता है।

मां हि पार्थ व्यपाश्रित्य येऽपि स्युः पापयोनयः ।

स्त्रियो वैश्यास्तथा शूद्रास्तेऽपि यान्ति परां गतिम् ॥ ९-३२॥

अर्जुन (पार्थ); जो लोग मेरी शरण में आते हैं, वे देवत्व प्राप्त करते हैं, जिनमें वैश्य और शूद्र कुल के लोग भी शामिल हैं; यहाँ तक कि वे भी जो अपमानित स्त्रियों से पैदा हुए हैं।

किं पुनर्ब्राह्मणाः पुण्या भक्ता राजर्षयस्तथा ।

अनित्यमसुखं लोकमिमं प्राप्य भजस्व माम् ॥ ९-३३॥

फिर मेरी भक्ति में लगे उन ब्राह्मण और क्षत्रिय भक्तों की तो बात ही क्या करें? मेरी पूजा करने वाले सभी लोग इस संसार में निरंतर सुख प्राप्त करते हैं।

मन्मना भव मद्भक्तो मद्याजी मां नमस्कुरु ।

मामेवैष्यसि युक्त्वैवमात्मानं मत्परायणः ॥ ९-३४॥

मेरे प्रति सचेत रहो, मेरे भक्त बनो, मेरी पूजा करो; अंतिम लक्ष्य प्राप्त करने के लिए मन और शरीर से समर्पित भाव से मेरे प्रति श्रद्धा अर्पित करो।

10

परम सत्य योग

श्रीभगवानुवाच ।

भूय एव महाबाहो शृणु मे परमं वचः ।

यत्तेऽहं प्रीयमाणाय वक्ष्यामि हितकाम्यया ॥ १०-१॥

श्री भगवान (कृष्ण) ने कहा:

अर्जुन (महाबाहो), अब अपने कल्याण के लिए मेरे विशेष वचन सुनो, मैं तुमसे अपने (भगवान) विषय में बात करूँगा।

न मे विदुः सुरगणाः प्रभवं न महर्षयः ।

अहमादिर्हि देवानां महर्षीणां च सर्वशः ॥ १०-२॥

न तो देवता और न ही महान ऋषि मेरे प्रकट होने का कारण बताते हैं क्योंकि मैं देवताओं और महान ऋषियों का उत्पत्तिकर्ता हूं।

यो मामजमनादिं च वेत्ति लोकमहेश्वरम् ।

असम्मूढः स मर्त्येषु सर्वपापैः प्रमुच्यते ॥ १०-3॥

जो मुझे अजन्मा, शाश्वत और ब्रह्मांड को नियंत्रित करने वाले सर्वोच्च ईश्वर के रूप में समझते हैं, वह अज्ञानियों के बीच ज्ञानी होने के कारण सभी पापों से पूरी तरह मुक्त हो जाता है।

बुद्धिर्ज्ञानमसम्मोहः क्षमा सत्यं दमः शमः ।

सुखं दुःखं भवोऽभावो भयं चाभयमेव च ॥ १०-४॥

अहिंसा समता तुष्टिस्तपो दानं यशोऽयशः ।

भवन्ति भावा भूतानां मत्त एव पृथग्विधाः ॥ १०-५॥

बुद्धि, ज्ञान, अनासक्ति, सहनशीलता, सत्य, इंद्रियों पर नियंत्रण, मन पर नियंत्रण, सुख-दुख, उत्पत्ति-अंत, भय-अभय, और अहिंसा, समता (समानता), संतोष, तपस्या, दान, यश-अपयश, जीवों में ये सभी विविध आचरण और गुण मेरे ही हैं।

महर्षयः सप्त पूर्वे चत्वारो मनवस्तथा ।

मद्भावा मानसा जाता येषां लोक इमाः प्रजाः ॥ १०-६॥

सात महान ऋषि (कश्यप, अत्रि, वशिष्ठ, विश्वामित्र, गौतम, जमदग्नि, और भारद्वाज - वास्तव में प्रबुद्ध और ब्रह्म का अर्थ समझते हैं), चार मनु (स्वायंभुव, स्वरोचित, रैवत, और उत्तम - मानवता के पूर्वज) मुझसे उत्पन्न हुए हैं। इस ब्रह्माण्ड के लोग उन्हीं से हैं, इस प्रकार यह मेरी उत्पत्ति है।

एतां विभूतिं योगं च मम यो वेत्ति तत्वतः ।

सोऽविकम्पेन योगेन युज्यते नात्र संशयः ॥ १०-७॥

जो व्यक्ति इस सत्य और मेरी सर्वोच्च सत्ता को समझता है, वह निस्संदेह, मुझसे जुड़ने के लिए जागृत हो जाता है।

अहं सर्वस्य प्रभवो मत्तः सर्वं प्रवर्तते ।

इति मत्वा भजन्ते मां बुधा भावसमन्विताः ॥ १०-८॥

मैं हर घटना का कारण हूं, सब कुछ मुझसे ही उत्पन्न हो रहा है; यह समझकर जो व्यक्ति निष्ठापूर्वक मेरी पूजा करता है, वह मेरे प्रति समर्पित हो जाता है।

मच्चिता मद्गतप्राणा बोधयन्तः परस्परम् ।

कथयन्तश्च मां नित्यं तुष्यन्ति च रमन्ति च ॥ १०-९॥

मुझमें मन को एकाग्र कर, मुझमें जीवन समर्पित कर के, स्वयं और मुझे जानकर, जैसा मुझे कहा गया है, उसका पूर्ण रूप से अनुभव कर मनुष्य सदैव संतुष्ट और आनंदित रहता है।

तेषां सततयुक्तानां भजतां प्रीतिपूर्वकम् ।

ददामि बुद्धियोगं तं येन मामुपयान्ति ते ॥ १०-१०॥

जो लोग मेरी संगति की इच्छा रखते हैं, वे निरंतर प्रेमपूर्वक मेरी पूजा करते हैं; मैं उन्हें बुद्धि योग (आध्यात्मिक एवं बुद्धि का योग) प्रदान करता हूं जिसके द्वारा वे मेरे पास आ सकते हैं।

तेषामेवानुकम्पार्थमहमज्ञानजं तमः ।

नाशयाम्यात्मभावस्थो ज्ञानदीपेन भास्वता ॥ १०-११॥

उन्हें संरक्षण देते हुए, मैं आध्यात्मिक ज्ञान के प्रकाश से अज्ञानता से उत्पन्न उनका अंधकार नष्ट कर देता हूं।

अर्जुन उवाच ।

परं ब्रह्म परं धाम पवित्रं परमं भवान् ।

पुरुषं शाश्वतं दिव्यमादिदेवमजं विभुम् ॥ १०-१२॥

आहुस्त्वामृषयः सर्वे देवर्षिर्नारदस्तथा ।

असितो देवलो व्यासः स्वयं चैव ब्रवीषि मे ॥ १०-१३॥

सर्वमेतद्‌ऋतं मन्ये यन्मां वदसि केशव ।

न हि ते भगवन्व्यक्तिं विदुर्देवा न दानवाः ॥ १०-१४॥

स्वयमेवात्मनात्मानं वेत्थ त्वं पुरुषोत्तम ।

भूतभावन भूतेश देवदेव जगत्पते ॥ १०-१५॥

वक्तुमर्हस्यशेषेण दिव्या ह्यात्मविभूतयः ।

याभिर्विभूतिभिर्लोकानिमांस्त्वं व्याप्य तिष्ठसि ॥ १०-१६॥

कथं विद्यामहं योगिंस्त्वां सदा परिचिन्तयन् ।

केषु केषु च भावेषु चिन्त्योऽसि भगवन्मया ॥ १०-१७॥

विस्तरेणात्मनो योगं विभूतिं च जनार्दन ।

भूयः कथय तृप्तिर्हि शृण्वतो नास्ति मेऽमृतम् ॥ १०-१८॥

अर्जुन ने कहाः

आप सर्वोच्च ईश्वर हैं, ब्रह्मांड के सर्वोच्च नियंत्रक हैं, सबसे पवित्र हैं, देवताओं में शाश्वत व्यक्तित्व वाले हैं, सभी देवताओं और श्रेष्ठ ऋषियों के भगवान हैं -आप सर्वोच्च भगवान हैं, ब्रह्मांड के सर्वोच्च नियंत्रक, सबसे पवित्र, देवताओं में शाश्वत व्यक्तित्व वाले, सभी देवताओं के ईश्वर, और नारद, असित, देवल और व्यास जैसे श्रेष्ठ ऋषियों के भगवान, अजन्मे, व्यापक, प्रकट, आप व्यक्तिगत रूप से मुझसे बात कर रहे हैं। कृष्ण (केशव), तुमने जो कुछ मुझसे कहा है, मैं उसे सत्य मानता हूँ। आपके दिव्य स्वरूप को न तो देवता समझते हैं और न ही दानव।

कृष्ण (पुरुषोत्तम), सभी जीवों के मूल, सभी जीवों के भगवान, सभी देवताओं के ईश्वर, ब्रह्मांड के भगवान, सभी आत्माओं में सबसे महान, आप केवल स्वयं को व्यक्तिगत रूप से जानते हैं। वास्तव में, आप अकेले ही अपनी दिव्य बहुलता का विस्तार से वर्णन करने में सक्षम हैं, जिसके द्वारा आप सभी लोकों में व्याप्त होकर प्रकट होते हैं।

कृष्ण (जनार्दन), मुझे बताएं कि मैं आपको कैसे जानूंगा, आपको हमेशा याद रखूंगा, आपको हमेशा चेतना में रखूंगा और किस अभिव्यक्ति में आपका चिंतन करूंगा। कृष्ण (जनार्दन), आपको प्राप्त करने के लिए अपनी भक्ति की प्रक्रिया का विस्तार से वर्णन करें, जिसे बार-बार सुनने पर भी मेरे लिए अमृत के समान कोई संतुष्टि नहीं होती है।

श्रीभगवानुवाच ।

हन्त ते कथयिष्यामि दिव्या ह्यात्मविभूतयः ।

प्राधान्यतः कुरुश्रेष्ठ नास्त्यन्तो विस्तरस्य मे ॥ १०-१९॥

श्री भगवान (कृष्ण) ने कहाः

अर्जुन (कुरुश्रेष्ठ), अब मैं तुम्हें केवल अपने दिव्य और महान रूपों के बारे में विस्तार से बताऊंगा। सबसे पहले, इसके विस्तार की कोई सीमा नहीं है।

अहमात्मा गुडाकेश सर्वभूताशयस्थितः ।

अहमादिश्च मध्यं च भूतानामन्त एव च ॥ १०-२०॥

अर्जुन (गुडाकेश), मैं सभी जीवों के हृदय में स्थित आत्मा (चेतना) हूं। मैं सभी जीवों का मूल, मध्य और अंत हूं।

आदित्यानामहं विष्णुर्ज्योतिषां रविरंशुमान् ।
मरीचिर्मरुतामस्मि नक्षत्राणामहं शशी ॥ १०-२१॥

आदित्यों (सूर्य) (इंद्र, धात, पर्जन्य, त्वश्ठ, पूष, अर्यम, भग, विवस्वान, विष्णु, अंशुमान, वरुण और मित्र) में - मैं विष्णु हूं, सभी प्रकाशकों में - अंशुमान सूर्य, मरुतों में (वर्षा देवता) - मैं मरीचि हूं, और नक्षत्रों में - मैं चंद्रमा हूं।

वेदानां सामवेदोऽस्मि देवानामस्मि वासवः ।
इन्द्रियाणां मनश्चास्मि भूतानामस्मि चेतना ॥ १०-२२॥

पवित्र पुस्तकों (वेद) में - मैं सामवेद हूं, देवताओं में - मैं इंद्र हूं, इंद्रियों में - मैं मन हूं, और शरीर के अंगों में - मैं मस्तिष्क हूं।

रुद्राणां शङ्करश्चास्मि वित्तेशो यक्षरक्षसाम् ।
वसूनां पावकश्चास्मि मेरुः शिखरिणामहम् ॥ १०-२३॥

रुद्रों में - मैं शिव हूं, राक्षसों में - मैं कुबेर हूं, वसुओं में - मैं अग्नि हूं, और पर्वतों में - मैं मेरु हूं।

पुरोधसां च मुख्यं मां विद्धि पार्थ बृहस्पतिम् ।
सेनानीनामहं स्कन्दः सरसामस्मि सागरः ॥ १०-२४॥

अर्जुन (पार्थ) मुझे देवताओं के गुरु बृहस्पति के रूप में, सेनापतियों में स्कंद (कार्तिकेय) के रूप में, झीलों और समुद्रों में समुद्र के रूप में जानो।

महर्षीणां भृगुरहं गिरामस्म्येकमक्षरम् ।
यज्ञानां जपयज्ञोऽस्मि स्थावराणां हिमालयः ॥ १०-२५॥

महान ऋषियों में - मैं भृगु हूं, अक्षरों में - मैं ओम हूं, सभी यज्ञों में - मैं भगवान का जप हूं, स्थिर पर्वतों में - मैं हिमालय हूं।

अश्वत्थः सर्ववृक्षाणां देवर्षीणां च नारदः ।
गन्धर्वाणां चित्ररथः सिद्धानां कपिलो मुनिः ॥ १०-२६॥

सभी वृक्षों में - वट वृक्ष, देवताओं के ऋषियों में - नारद, गंधर्वों में - चित्ररथ, देवत्व प्राप्त मनुष्यों में - कपिल मुनि।

उच्चैःश्रवसमश्वानां विद्धि माममृतोद्भवम् ।
ऐरावतं गजेन्द्राणां नराणां च नराधिपम् ॥ १०-२७॥

घोड़ों में - पवित्र समुद्र मंथन से उत्पन्न उच्चैश्रवा, हाथियों में - ऐरावत, और मनुष्यों में राजा।

आयुधानामहं वज्रं धेनूनामस्मि कामधुक् ।
प्रजनश्चास्मि कन्दर्पः सर्पाणामस्मि वासुकिः ॥ १०-२८॥

सभी हथियारों में - वज्र (इंद्र का हथियार), गायों में - कामधेनु, प्रेमियों में कामदेव, और सर्पों में वासुकी।

अनन्तश्चास्मि नागानां वरुणो यादसामहम् ।
पितृणामर्यमा चास्मि यमः संयमतामहम् ॥ १०-२९॥

नागों में मैं अनंत हूं, जलचरों में मैं वरुण हूं, पितरों में मैं आर्यमान हूं और नियंत्रण करने वालों में मैं यम (मृत्यु का देवता) हूं।

प्रह्लादश्चास्मि दैत्यानां कालः कलयतामहम् ।
मृगाणां च मृगेन्द्रोऽहं वैनतेयश्च पक्षिणाम् ॥ १०-३०॥

दैत्यों में - मैं प्रह्लाद हूं, समय (मुहूर्त काल) में - मैं अमृत काल हूं, सभी जानवरों में - मैं सिंह हूं, और सभी पक्षियों में - मैं गरुड़ हूं।

पवनः पवतामस्मि रामः शस्त्रभृतामहम् ।
झषाणां मकरश्चास्मि स्रोतसामस्मि जाह्नवी ॥ १०-३१॥

मैं गतिशील इकाइयों में वायु, शस्त्रधारियों में राम, जलचरों में मगरमच्छ और नदियों में गंगा हूँ।

सर्गाणामादिरन्तश्च मध्यं चैवाहमर्जुन ।
अध्यात्मविद्या विद्यानां वादः प्रवदतामहम् ॥ १०-३२॥

हे अर्जुन, मैं ही सभी का निर्माता, पालनकर्ता और संहारक (उत्पत्ति, मध्य और अंत) हूं; मैं समस्त विद्याओं में दिव्य ज्ञान हूं और समस्त चर्चाओं में तर्क हूं।

अक्षराणामकारोऽस्मि द्वन्द्वः सामासिकस्य च ।
अहमेवाक्षयः कालो धाताहं विश्वतोमुखः ॥ १०-३३॥

अक्षरों में मैं अकार (अ) हूँ, संयुक्त शब्दों में मैं युग्मक समास हूँ, काल में मैं ब्रह्मकाल हूँ।

मृत्युः सर्वहरश्चाहमुद्भवश्च भविष्यताम् ।
कीर्तिः श्रीर्वाक्च नारीणां स्मृतिर्मेधा धृतिः क्षमा ॥ १०-३४॥

सभी विलोपनों में - मैं मृत्यु हूं, आने वाले भविष्य में - मैं विकास हूं, स्त्री प्रसिद्धि में - मैं सुखद अभिव्यक्ति हूं, अतीत के स्मरणीय विचारों में - मैं क्षमा हूं।

बृहत्साम तथा साम्नां गायत्री छन्दसामहम् ।
मासानां मार्गशीर्षोऽहमृतूनां कुसुमाकरः ॥ १०-३५॥

सामवेद के मंत्रों में - मैं बृहत्साम हूं, मंत्रों में - मैं गायत्री मंत्र हूं, महीनों में - मैं माघ (फसल काटने का महीना) हूं और ऋतुओं में - मैं बसंत हूं।

द्यूतं छलयतामस्मि तेजस्तेजस्विनामहम् ।
जयोऽस्मि व्यवसायोऽस्मि सत्त्वं सत्त्ववतामहम् ॥ १०-३६॥

मैं जुए में माया हूं, मैं तेज में महिमा हूं, मैं जीत, व्यापार और नैतिकता में ईमानदारी हूं।

वृष्णीनां वासुदेवोऽस्मि पाण्डवानां धनञ्जयः ।

मुनीनामप्यहं व्यासः कवीनामुशना कविः ॥ १०-३७॥

वृष्नी के वंशजों में - मैं वासुदेव हूं, पांडवों में - मैं अर्जुन (धनंजय) हूं, ऋषियों में - मैं व्यास हूं, और कवियों में - मैं शुक्राचार्य हूं।

दण्डो दमयतामस्मि नीतिरस्मि जिगीषताम् ।

मौनं चैवास्मि गुह्यानां ज्ञानं ज्ञानवतामहम् ॥ १०-३८॥

मैं दंड में करुणा हूं, मैं सफलता में रणनीति हूं, मैं सभी रहस्यों में मौन हूं, और मैं सभी ज्ञान में बुद्धिज्ञान हूं।

यच्चापि सर्वभूतानां बीजं तदहमर्जुन ।

न तदस्ति विना यत्स्यान्मया भूतं चराचरम् ॥ १०-३९॥

अर्जुन, मैं सभी जीवों का उत्पत्तिकर्ता हूं; ब्रह्मांड में मेरे बिना कुछ भी गतिशील या स्थिर नहीं है।

नान्तोऽस्ति मम दिव्यानां विभूतीनां परन्तप ।

एष तूद्देशतः प्रोक्तो विभूतेर्विस्तरो मया ॥ १०-४०॥

अर्जुन (परंतप), मेरी दिव्य व्याप्ति की कोई सीमा नहीं है; इनका वर्णन मेरे द्वारा केवल संक्षेप में किया गया है।

यद्यद्विभूतिमत्सत्त्वं श्रीमदूर्जितमेव वा ।

तत्तदेवावगच्छ त्वं मम तेजोंऽशसम्भवम् ॥ १०-४१॥

निश्चित रूप से, जहां भी और जो कुछ भी व्याप्त, गौरवशाली या शक्तिशाली है, आपको पता होना चाहिए कि वह मेरे तेज के एक अंश से उत्पन्न हुआ है।

अथवा बहुनैतेन किं ज्ञातेन तवार्जुन ।

विष्टभ्याहमिदं कृत्स्नमेकांशेन स्थितो जगत् ॥ १०-४२॥

मैं अपने ही एक अंश से व्यक्त सम्पूर्ण ब्रह्माण्ड का पोषण करता हूँ, इसलिए इतने सारे उदाहरणों के साथ विस्तार से वर्णन क्यों किया जाए, हे अर्जुन?

11

विश्वरूप योग

मदनुग्रहाय परमं गुह्यमध्यात्मसंज्ञितम् ।

यत्त्वयोक्तं वचस्तेन मोहोऽयं विगतो मम ॥ ११-१॥

अर्जुन ने कहा:

मेरे अनुरोध पर आपने परम गूढ़ आध्यात्मिक ज्ञान का वर्णन किया है, जिससे मेरा भ्रम दूर हो गया है।

भवाप्ययौ हि भूतानां श्रुतौ विस्तरशो मया ।

त्वत्तः कमलपत्राक्ष माहात्म्यमपि चाव्ययम् ॥ ११-२॥

एवमेतद्यथात्थ त्वमात्मानं परमेश्वर ।

द्रष्टुमिच्छामि ते रूपमैश्वरं पुरुषोत्तम ॥ ११-३॥

मन्यसे यदि तच्छक्यं मया द्रष्टुमिति प्रभो ।

योगेश्वर ततो मे त्वं दर्शयात्मानमव्ययम् ॥ ११-४॥

कृष्ण (कमल पत्र अक्ष में से एक), मैंने आपसे सभी जीवित शरीरों की उत्पत्ति और विनाश के बारे में और आपकी अविनाशी महिमा के बारे में विस्तार से सुना है। कृष्ण, चूंकि आपने खुद को सर्वोच्च बताया है, इसलिए मैं आपका दिव्य रूप देखना चाहता हूं। कृष्ण (योगेश्वर), यदि आप मुझे उस रूप को देखने के योग्य समझते हैं, तो कृपया मुझे अपना अविनाशी दिव्य रूप दिखाइए, भगवान।

श्रीभगवानुवाच ।

पश्य मे पार्थ रूपाणि शतशोऽथ सहस्रशः ।

नानाविधानि दिव्यानि नानावर्णाकृतीनि च ॥ ११-५॥

श्री भगवान (कृष्ण) ने कहा:

अर्जुन (पार्थ), मेरे दिव्य रूप हजारों हैं; उनमें से सैकड़ों विभिन्न प्रकार, रंग और आकार के पहले देखे गए हैं।

पश्यादित्यान्वसूनुद्रानश्विनौ मरुतस्तथा ।

बहून्यदृष्टपूर्वाणि पश्याश्चर्याणि भारत ॥ ११-६॥

आदित्यों, वसुओं, रुद्रों, अश्विनों और मरुतों ने बहुत से आश्चर्य देखे हैं, परन्तु ऐसा पहले कभी नहीं देखा, अर्जुन (भारत)।

इहैकस्थं जगत्कृत्स्नं पश्याद्य सचराचरम् ।

मम देहे गुडाकेश यच्चान्यद् द्रष्टुमिच्छसि ॥ ११-७॥

हे अर्जुन (गुडाकेश), चर-अचर जगत् का सम्पूर्ण ब्रह्माण्ड इस दिव्य स्वरूप के एक छोटे से अंश में ही स्थित है, जिसे तू देखना चाहता है।

न तु मां शक्यसे द्रष्टुमनेनैव स्वचक्षुषा ।

दिव्यं ददामि ते चक्षुः पश्य मे योगमैश्वरम् ॥ ११-८॥

अपनी वर्तमान आँखों से तुम मुझे नहीं देख पाओगे, इसलिए मैं तुम्हें मेरे दिव्य रूप को देखने के लिए दिव्य दृष्टि देता हूँ।

सञ्जय उवाच ।

एवमुक्त्वा ततो राजन्महायोगेश्वरो हरिः ।

दर्शयामास पार्थाय परमं रूपमैश्वरम् ॥ ११-९॥

संजय ने कहा:

राजा, ऐसा कहकर योगेश्वर और महान दार्शनिक भगवान कृष्ण (हरि) ने अर्जुन को अनंत सार्वभौमिक दिव्य रूप दिखाया,

अनेकवक्त्रनयनमनेकाद्भुतदर्शनम् ।

अनेकदिव्याभरणं दिव्यानेकोद्यतायुधम् ॥ ११-१०॥

दिव्यमाल्याम्बरधरं दिव्यगन्धानुलेपनम् ।

सर्वाश्चर्यमयं देवमनन्तं विश्वतोमुखम् ॥ ११-११॥

दिवि सूर्यसहस्रस्य भवेद्युगपदुत्थिता ।

यदि भाः सदृशी सा स्याद्भासस्तस्य महात्मनः ॥ ११-१२॥

अद्भुत असंख्य मुखों और आंखों वाले, असंख्य चमकदार आभूषण पहने हुए, असंख्य अतिभौतिक हथियारों से लैस, दिव्य माला और परिधानपहने हुए, दिव्य उत्तम सुगंधों से अभिषेक किए हुए, सर्वव्यापी, अनंत, सभी ब्रह्मांडों का सामना करने वाले, उस दिव्य रूप का तेज एक साथ चमकते हुए हजारों सूर्यों के समान था।

तत्रैकस्थं जगत्कृत्स्नं प्रविभक्तमनेकधा ।

अपश्यद्देवदेवस्य शरीरे पाण्डवस्तदा ॥ ११-१३॥

तब अर्जुन (पांडव) ने दिव्य स्वरूप के भीतर छोटे-छोटे स्थान पर स्थित संपूर्ण ब्रह्मांड, असंख्य पृथ्वियों को देखा।

ततः स विस्मयाविष्टो हृष्टरोमा धनञ्जयः ।

प्रणम्य शिरसा देवं कृताञ्जलिरभाषत ॥ ११-१४॥

भय से रोमांचित और आश्चर्यचकित अर्जुन (धनंजय) फिर हाथ जोड़कर और सिर झुकाकर बोलने लगे।

अर्जुन उवाच ।

पश्यामि देवांस्तव देव देहे सर्वांस्तथा भूतविशेषसङ्घान् ।

ब्रह्माणमीशं कमलासनस्थ मृषींश्च सर्वानुरगांश्च दिव्यान् ॥ ११-१५॥

अर्जुन ने कहा:

भगवान, मैं आपके शरीर के भीतर सभी देवताओं और विभिन्न प्रजातियों के सभी जीवों, कमल पर बैठे भगवान ब्रह्मा और दिव्य नाग के साथ भगवान शिव को देख रहा हूं।

अनेकबाहूदरवक्त्रनेत्रं पश्यामि त्वां सर्वतोऽनन्तरूपम् ।

नान्तं न मध्यं न पुनस्तवादिं पश्यामि विश्वेश्वर विश्वरूप ॥ ११-१६॥

मैं असंख्य भुजाओं, पेटों, मुखों, नेत्रों से युक्त आपके विश्वव्यापी अनन्त रूप को देख रहा हूँ। मैं ब्रह्मांड के ईश्वर को सार्वभौमिक रूप में देख रहा हूं, जिसका कोई अंत, कोई मध्य और कोई उत्पत्ति नहीं है।

किरीटिनं गदिनं चक्रिणं च तेजोराशिं सर्वतो दीप्तिमन्तम् ।

पश्यामि त्वां दुर्निरीक्ष्यं समन्ताद् दीप्तानलार्कद्युतिमप्रमेयम् ॥ ११-१७॥

मुकुट, गदा, चक्र से सुशोभित, सभी दिशाओं में अनंत उज्ज्वल सूर्य की धधकती गर्मी की तरह हर जगह तेज की चमक; मुझे आपकी ओर देखना कठिन लग रहा है ।

त्वमक्षरं परमं वेदितव्यं त्वमस्य विश्वस्य परं निधानम् ।

त्वमव्ययः शाश्वतधर्मगोप्ता सनातनस्त्वं पुरुषो मतो मे ॥ ११-१८॥

आप परम (दिव्य) ज्ञान के सर्वोच्च, महानतम विद्वान हैं, आप ब्रह्मांड के परम पालनकर्ता हैं; आप अविनाशी हैं, धर्म के शाश्वत संरक्षक हैं, आप शाश्वत हैं, सर्वोच्च व्यक्तित्व वाले हैं। यह मेरा दृढ़ विश्वास है.

अनादिमध्यान्तमनन्तवीर्यं मनन्तबाहुं शशिसूर्यनेत्रम् ।

पश्यामि त्वां दीप्तहुताशवक्त्रं स्वतेजसा विश्वमिदं तपन्तम् ॥ ११-१९॥

उत्पत्ति, मध्य और अंत से रहित, अनंत ऊर्जा वाले, अनंत भुजाओं वाले, चंद्रमा और सूर्य जैसी आंखों वाले; मैं तुम्हारे मुखोंकी धधकती अग्नि से, तुम्हारी चमक से ब्रह्माण्ड को गर्म होते हुए देख रहा हूँ।

द्यावापृथिव्योरिदमन्तरं हि व्याप्तं त्वयैकेन दिशश्च सर्वाः ।

दृष्ट्वाद्भुतं रूपमुग्रं तवेदं लोकत्रयं प्रव्यथितं महात्मन् ॥ ११-२०॥

आप पृथ्वी और (शेष) ब्रह्मांड के बीच के संपूर्ण अंतरिक्ष में, सभी दिशाओं में व्याप्त हैं; आपके ऐसे अद्भुत और भयानक रूप को देखकर तीनों ब्रह्माण्ड (पृथ्वी, आकाश, पाताल) व्याकुल और भयभीत हो गए हैं।

अमी हि त्वां सुरसङ्घा विशन्ति केचिद्भीताः प्राञ्जलयो गृणन्ति ।

स्वस्तीत्युक्त्वा महर्षिसिद्धसङ्घाः स्तुवन्ति त्वां स्तुतिभिः पुष्कलाभिः॥११-२१॥

सचमुच, देवताओं का समूह तुम्हारे भीतर प्रवेश कर रहा है; भय के कारण उनमें से कुछ लोग आपसे प्रार्थना कर रहे हैं और हाथ जोड़कर आपकी प्रशंसा कर रहे हैं; सभी के सौभाग्यकी प्रार्थना करते हुए साधु-संतों की टोली प्रचुर (खूब) भजन-कीर्तन कर रही है।

रुद्रादित्या वसवो ये च साध्या विश्वेऽश्विनौ मरुतश्चोष्मपाश्च ।

गन्धर्वयक्षासुरसिद्धसङ्घा वीक्षन्ते त्वां विस्मिताश्चैव सर्वे ॥ ११-२२॥

रुद्र, आदित्य, वसु, साध्य, वेदों में वर्णित अन्य देवता, अश्विन, मरुत और देवता पूर्वज, गंधर्व, यक्ष, असुर और प्रबुद्ध व्यक्तियों के समूह, सभी आपको देखकर आश्चर्यचकित हो रहे हैं।

रूपं महत्ते बहुवक्त्रनेत्रं महाबाहो बहुबाहूरुपादम् ।

बहूदरं बहुदंष्ट्राकरालं दृष्ट्वा लोकाः प्रव्यथितास्तथाहम् ॥ ११-२३॥

आपके असंख्य मुखों, असंख्य आँखों, असंख्य शक्तिशाली हथियारों से युक्त भुजाओं, असंख्य पैरों, असंख्य पेटों, असंख्य भयानक दाँतों वाले आपके भव्य रूप को देखकर सभी दिव्य पिंड भय से कांप रहे हैं, इसलिए मैं भी।

नभःस्पृशं दीप्तमनेकवर्णं व्यात्ताननं दीप्तविशालनेत्रम् ।

दृष्ट्वा हि त्वां प्रव्यथितान्तरात्मा धृतिं न विन्दामि शमं च विष्णो ॥ ११-२४॥

हे कृष्ण (विष्णु); आपके अनगिनत खुले हुए प्रज्ज्वलित मुखों, ज्वलंत विशाल आंखों के आकाशस्पर्शी रूप से, मैं वास्तव में भीतर से कांप रहा हूं, एवं स्थिर होने और नियंत्रण रखने में असमर्थ हूं।

दंष्ट्राकरालानि च ते मुखानि दृष्ट्वैव कालानलसन्निभानि ।

दिशो न जाने न लभे च शर्म प्रसीद देवेश जगन्निवास ॥ ११-२५॥

आपके भयानक दांत और जलते हुए मुंह धधकती हुई आग के देवता समान हैं। मुझे कुछ भी पता नहीं है, यहां तक कि मैं दिशा-निर्देश भी नहीं पहचान पा रहा हूं और बेहोश हो रहा हूं। हे देवों के परम देव, मुझ पर कृपा करें।

अमी च त्वां धृतराष्ट्रस्य पुत्राः सर्वे सहैवावनिपालसङ्घैः ।

भीष्मो द्रोणः सूतपुत्रस्तथासौ सहास्मदीयैरपि योधमुख्यैः ॥ ११-२६॥

वक्त्राणि ते त्वरमाणा विशन्ति दंष्ट्राकरालानि भयानकानि ।

केचिद्विलग्ना दशनान्तरेषु सन्दृश्यन्ते चूर्णितैरुत्तमाङ्गैः ॥ ११-२७॥

मेरी प्रजा और धृतराष्ट्र के पुत्र, भीष्म, द्रोण, कर्ण (सूतपुत्र) आदि योद्धा राजाओं की सेना सहित हमारे पक्ष के प्रमुख योद्धाओं के साथ आगे बढ़ रहे हैं और आपके भयानक दांतों वाले भयानक मुख में प्रवेश कर रहे हैं, जिनमें कुछ के सिर बीच में फंसे हुए हैं।

यथा नदीनां बहवोऽम्बुवेगाः समुद्रमेवाभिमुखा द्रवन्ति ।

तथा तवामी नरलोकवीरा विशन्ति वक्त्राण्यभिविज्वलन्ति ॥ ११-२८॥

जिस प्रकार अनेक नदियाँ वेग से बहती हुई समुद्र में समा जाती हैं, उसी प्रकार संसार के सभी लोग और योद्धा सभी दिशाओं से आपके तेजस्वी मुखों की ओर दौड़े चले आ रहे हैं।

यथा प्रदीप्तं ज्वलनं पतङ्गा विशन्ति नाशाय समृद्धवेगाः ।

तथैव नाशाय विशन्ति लोका स्तवापि वक्त्राणि समृद्धवेगाः ॥ ११-२९॥

जैसे पतंगा धधकती आग में दौड़कर नष्ट हो जाता है, उसी प्रकार ये सभी लोग तेजी से दौड़कर आपके अग्निमय मुख में जाकर नष्ट हो रहे हैं।

लेलिह्यसे ग्रसमानः समन्ताल् लोकान्समग्रान्वदनैर्ज्वलद्भिः ।

तेजोभिरापूर्य जगत्समग्रं भासस्तवोग्राः प्रतपन्ति विष्णो ॥ ११-३०॥

कृष्ण (विष्णो), आपके उग्र मुख इन सभी लोगों को सभी दिशाओं से पकड़कर और *गटक* कर, आपके भयानक विकिरण से सभी ब्रह्मांडों को झुलसा रहे हैं।

आख्याहि मे को भवानुग्ररूपो नमोऽस्तु ते देववर प्रसीद ।

विज्ञातुमिच्छामि भवन्तमाद्यं न हि प्रजानामि तव प्रवृत्तिम् ॥ ११-३१॥

कृपया मुझे बताएं कि आपका यह कौन सा भयानक रूप है? मैं आपको प्रणाम करता हूं, मुझ पर कृपा करें। मेरी तुम्हें ठीक से जानने की इच्छा है, तुम जन्महीन हो, इसलिए मैं तुम्हारी प्रवृति का अनुमान नहीं लगा सकता।

श्रीभगवानुवाच ।

कालोऽस्मि लोकक्षयकृत्प्रवृद्धो लोकान्समाहर्तुमिह प्रवृत्तः ।

ऋतेऽपि त्वां न भविष्यन्ति सर्वे येऽवस्थिताः प्रत्यनीकेषु योधाः ॥ ११-३२॥

श्री भगवान (कृष्ण) बोले:

मैं भयानक मृत्यु भगवान हूं, ब्रह्मांड में सभी का विनाशक, इस ब्रह्मांड में सभी को नष्ट करने का अभिप्राय (इरादा) रखता हूं; जो योद्धा इस समय जीवित खड़े हैं, वे भविष्य में तुम्हारी अनुपस्थिति में भी नहीं रहेंगे।

तस्मात्त्वमुतिष्ठ यशो लभस्व जित्वा शत्रून् भुङ्क्ष्व राज्यं समृद्धम् ।

मयैवैते निहताः पूर्वमेव निमित्तमात्रं भव सव्यसाचिन् ॥ ११-३३॥

इसलिए, प्रसिद्धि पाने के लिए उठो, शत्रु पर विजय प्राप्त करो और समृद्ध राज्य का आनंद लो। इन योद्धाओं का अंत मेरे द्वारा पहले ही रचा (डिजाइन किया) जा चुका है, तुम केवल कार्यान्वयन माध्यम हो, अर्जुन (सब्यसाची)।

द्रोणं च भीष्मं च जयद्रथं च कर्णं तथान्यानपि योधवीरान् ।

मया हतांस्त्वं जहि मा व्यथिष्ठा युध्यस्व जेतासि रणे सपत्नान् ॥ ११-३४॥

द्रोण, भीष्म, जयद्रथ, कर्ण तथा अन्य योद्धा भी मेरे द्वारा मारे गये हैं, अतः तुम शोक मत करो; बस लड़ो, तुम युद्ध में अपने शत्रुओं पर अवश्य विजय प्राप्त करोगे।

सञ्जय उवाच ।

एतच्छ्रुत्वा वचनं केशवस्य कृताञ्जलिर्वेपमानः किरीटी ।

नमस्कृत्वा भूय एवाह कृष्णं सगद्गदं भीतभीतः प्रणम्य ॥ ११-३५॥

संजय बोले:

कृष्ण (केशव) के ये वचन सुनकर काँपते हुए अर्जुन (किरीट) ने हाथ जोड़कर बार-बार कृष्ण को प्रणाम किया और भयभीत हृदय से लड़खड़ाती आवाज में बोला।

अर्जुन उवाच ।

स्थाने हृषीकेश तव प्रकीर्त्या जगत्प्रहृष्यत्यनुरज्यते च ।

रक्षांसि भीतानि दिशो द्रवन्ति सर्वे नमस्यन्ति च सिद्धसङ्घाः ॥ ११-३६॥

कस्माच्च ते न नमेरन्महात्मन् गरीयसे ब्रह्मणोऽप्यादिकर्त्रे ।

अनन्त देवेश जगन्निवास त्वमक्षरं सदसत्तत्परं यत् ॥ ११-३७॥

त्वमादिदेवः पुरुषः पुराण स्त्वमस्य विश्वस्य परं निधानम् ।

वेत्तासि वेद्यं च परं च धाम त्वया ततं विश्वमनन्तरूप ॥ ११-३८॥

वायुर्यमोऽग्निर्वरुणः शशाङ्कः प्रजापतिस्त्वं प्रपितामहश्च ।

नमो नमस्तेऽस्तु सहस्रकृत्वः पुनश्च भूयोऽपि नमो नमस्ते ॥ ११-३९॥

नमः पुरस्तादथ पृष्ठतस्ते नमोऽस्तु ते सर्वत एव सर्व ।

अनन्तवीर्यामितविक्रमस्त्वं सर्व समाप्नोषि ततोऽसि सर्वः ॥ ११-४०॥

सखेति मत्वा प्रसभं यदुक्तं हे कृष्ण हे यादव हे सखेति ।

अजानता महिमानं तवेदं मया प्रमादात्प्रणयेन वापि ॥ ११-४१॥

यच्चावहासार्थमसत्कृतोऽसि विहारशय्यासनभोजनेषु ।

एकोऽथवाप्यच्युत तत्समक्षं तत्क्षामये त्वामहमप्रमेयम् ॥ ११-४२॥

पितासि लोकस्य चराचरस्य त्वमस्य पूज्यश्च गुरुर्गरीयान् ।

न त्वत्समोऽस्त्यभ्यधिकः कुतोऽन्यो लोकत्रयेऽप्यप्रतिमप्रभाव ॥ ११-४३॥

तस्मात्प्रणम्य प्रणिधाय कायं प्रसादये त्वामहमीशमीड्यम् ।

पितेव पुत्रस्य सखेव सख्युः प्रियः प्रियायार्हसि देव सोढुम् ॥ ११-४४॥

अदृष्टपूर्वं हृषितोऽस्मि दृष्ट्वा भयेन च प्रव्यथितं मनो मे ।

तदेव मे दर्शय देव रूपं प्रसीद देवेश जगन्निवास ॥ ११-४५॥

किरीटिनं गदिनं चक्रहस्तं इच्छामि त्वां द्रष्टुमहं तथैव ।

तेनैव रूपेण चतुर्भुजेन सहस्रबाहो भव विश्वमूर्ते ॥ ११-४६॥

अर्जुन बोलेः

कृष्ण (हृषिकेश); आपके अजेय होने से संपूर्ण ब्रह्मांड गौरवान्वित है और आपकी महिमा का गुणगान कर रहा है। राक्षस अंदर से डरे हुए हैं और सभी दिशाओं में भाग रहे हैं जबकि सभी साफ दिल वाले व्यक्ति आपके सामने झुक रहे हैं, प्रार्थना कर रहे हैं। और वे आपसे प्रार्थना क्यों नहीं करें? सभी प्राणियों में सबसे महान, सबसे पूजनीय, ब्रह्मा के रचयिता और प्रवर्तक, अनंत, देवताओं के देव, संपूर्ण ब्रह्मांड में स्थित, आप अजेय हैं, हर चीज में विद्यमान हैं फिर भी अदृश्य, पारलौकिक। सर्वशक्तिमान, शाश्वत, ब्रह्मांड के सर्वोच्च संहारक, सर्व (सब कुछ के) ज्ञाता और ज्ञान के स्रोत, ब्रह्मांडों के निवास (आप में स्थित), आपके अनंत रूप हैं।

आप वायु (वायु देवता), यम (मृत्यु देवता), अग्नि (अग्नि देवता), वरुण (जल देवता), शशांक (चंद्रमा देवता), ब्रह्मा (निर्माता देवता), और विष्णु (पालक देवता) हैं। मैं बार-बार हजारों बार झुकता हूं और फिर प्रार्थना करता हूं।

आप हर जगह दिखाई दे रहे हैं. मैं आगे से, पीछे से और सब ओर से भी झुककर आपकी प्रार्थना करता हूँ; आप असीमित सामर्थ्य और असीमित शक्ति के साथ संपूर्ण ब्रह्मांड में सर्वत्र व्याप्त हैं, आप ही सबकुछ हैं, सब कुछ हैं।

हे कृष्ण, हे यादव, हे प्रिय मित्र; आपके ऐश्वर्य और इस रूप को न जानकर, भ्रम के कारण, मैंने आपको मित्र मानकर जो कुछ कहा है और

अवकाश के समय, विश्राम, मिलन या भोजन के समय, अकेले में या आपके साथ रहते हुए, हास्य-विनोदमें जो कुछ अशिष्टता हो गयी हो, कृपया मुझे स्नेहपूर्वक क्षमा करें।

आप ब्रह्माण्ड के पिता, समस्त चर-अस्थिर प्राणियों के पूजनीय, पूज्य गुरु हैं; निश्चय ही समस्त ब्रह्माण्डों में कोई भी आपके समान नहीं है और हो भी कैसे सकता है? इसलिए, मैं पुत्र और पिता, मित्र और मित्रों के मित्र, प्रेमी और प्रेयसी के रूप में, पूजनीय परमेश्वर, आपको प्रसन्न करने के लिए दंडवत प्रणाम कर प्रार्थना कर रहा हूं। हे भगवान, दयालु और सहानुभूतिशील बनो।

हे हजारों भुजाओं वाले, विश्वरूपधारी भगवान, मैं आपको पहले की तरह, चार हाथों (विष्णु रूप) वाले रूप में मुकुटधारी, गदाधारी और हाथों में सुदर्शन चक्र लिए हुए देखना चाहता हूं।

श्रीभगवानुवाच ।

मया प्रसन्नेन तवार्जुनेदं रूपं परं दर्शितमात्मयोगात् ।

तेजोमयं विश्वमनन्तमाद्यं यन्मे त्वदन्येन न दृष्टपूर्वम् ॥ ११-४७॥

श्री भगवान (कृष्ण) ने कहा:

हे अर्जुन, तुझ पर प्रसन्न होकर मैंने अपना विश्वरूप दिखाया है। यह तेजस्वी, सर्वव्यापक, अनंत, दिव्य स्वरूप तुमसे पहले किसी ने नहीं देखा।

न वेदयज्ञाध्ययनैर्न दानैर्न च क्रियाभिर्न तपोभिरुग्रैः ।

एवंरूपः शक्य अहं नृलोके द्रष्टुं त्वदन्येन कुरुप्रवीर ॥ ११-४८॥

अर्जुन (कुरु प्रवीर); तुम्हारे अतिरिक्त इस पृथ्वी पर वेदाध्ययन, तर्पण, दान, पुण्यकर्म तथा कठोर तप द्वारा भी किसी ने मुझे इस रूप में नहीं देखा है।

मा ते व्यथा मा च विमूढभावो दृष्ट्वा रूपं घोरमीदृङ्ममेदम् ।

व्यपेतभीः प्रीतमनाः पुनस्त्वं तदेव मे रूपमिदं प्रपश्य ॥ ११-४९॥

मेरे ऐसे विकराल रूप को देखकर मत डरो और मत भ्रमित हो। अपने भय पर विजय पाओ और प्रसन्न रहो; तुम फिर से मेरा पूर्व स्वरूप देखोगे।

सञ्जय उवाच ।

इत्यर्जुनं वासुदेवस्तथोक्त्वा स्वकं रूपं दर्शयामास भूयः ।

आश्वासयामास च भीतमेनं भूत्वा पुनः सौम्यवपुर्महात्मा ॥ ११-५०॥

संजय ने कहा:

यह कहते हुए, कृष्ण (वासुदेव) ने अर्जुन को अपना चतुर्भुज रूप दिखाया और उसके बाद उसके भय को शांत करते हुए एक महान व्यक्ति वाले दो भुजाओं वाले सुंदर रूप में प्रकट हुए।

अर्जुन उवाच ।

दृष्ट्वेदं मानुषं रूपं तव सौम्यं जनार्दन ।

इदानीमस्मि संवृत्तः सचेताः प्रकृतिं गतः ॥ ११-५१॥

अर्जुन बोलेः

हे भगवान, जीवों के रक्षक, आपको सुंदर मानव रूप में देखकर, अब मैं अपनी खोई हुई चेतना प्राप्त कर रहा हूं।

श्रीभगवानुवाच ।

सुदुर्दर्शमिदं रूपं दृष्टवानसि यन्मम ।

देवा अप्यस्य रूपस्य नित्यं दर्शनकाङ्क्षिणः ॥ ११-५२॥

श्री भगवान (कृष्ण) बोलेः

मेरी दो भुजाओं का यह स्वरूप जो तुम देख रहे हो, बहुत ही कम देखने को मिलता है; देवताओं को इसके प्रतिदिन दर्शन की अभिलाषा रहती है।

नाहं वेदैर्न तपसा न दानेन न चेज्यया ।

शक्य एवंविधो द्रष्टुं दृष्टवानसि मां यथा ॥ ११-५३॥

भक्त्या त्वनन्यया शक्य अहमेवंविधोऽर्जुन ।

ज्ञातुं द्रष्टुं च तत्त्वेन प्रवेष्टुं च परन्तप ॥ ११-५४॥

जैसे कि तुम मुझे देखते हैं, इस शाश्वत रूप को न तो वैदिक अध्ययन से देखा जा सकता है, न तपस्या से, न दान से, न ही भव्य अनुष्ठानों और अन्य औपचारिकताओं से। हे अर्जुन, बिना विचलित हुए भक्ति के माध्यम से, मेरी वास्तविकता तक पहुंच कर, मुझे ऐसे शाश्वत रूप में जानना और देखना संभव है।

मत्कर्मकृन्मत्परमो मद्भक्तः सङ्गवर्जितः ।

निर्वैरः सर्वभूतेषु यः स मामेति पाण्डव ॥ ११-५५॥

हे अर्जुन, जो मेरे लिए कर्म करता है, मुझे सर्वोच्च मानता है, मेरी भक्ति में लगा रहता है, निषिद्ध गतिविधियों से दूर है, सभी जीवों के प्रति शत्रुता से रहित है, वह मेरा है।

12

भक्ति योग

अर्जुन उवाच ।

एवं सततयुक्ता ये भक्तास्त्वां पर्युपासते ।

ये चाप्यक्षरमव्यक्तं तेषां के योगवित्तमाः ॥ १२-१॥

अर्जुन ने कहा:

आपके साकार रूप की पूजा में सदैव लगे रहने वाले भक्त अथवा निराकार रूप वाले भक्त में कौन आपको पूरी तरह से जानता है?

श्रीभगवानुवाच ।

मय्यावेश्य मनो ये मां नित्ययुक्ता उपासते ।

श्रद्धया परयोपेताः ते मे युक्ततमा मताः ॥ १२-२॥

श्री भगवान (कृष्ण) ने कहा:

जो लोग सदैव मुझे ध्यान में रखते हैं, भौतिकवाद से ऊपर, नियमित विश्वास के साथ सदैव मेरी पूजा करते हैं, वे मेरे सबसे उपयुक्त भक्त हैं।

ये त्वक्षरमनिर्देश्यमव्यक्तं पर्युपासते ।

सर्वत्रगमचिन्त्यञ्च कूटस्थमचलन्ध्रुवम् ॥ १२-३॥

सन्नियम्येन्द्रियग्रामं सर्वत्र समबुद्धयः ।

ते प्राप्नुवन्ति मामेव सर्वभूतहिते रताः ॥ १२-४॥

परंतु जो लोग मुझे प्रत्यक्ष, प्रत्यक्ष से परे, व्यक्त करने से परे, सर्वत्र व्याप्त, बोधगम्य से परे, अपरिवर्तनीय, भविष्यवाणी से परे, शाश्वत, इंद्रियों को पूरी तरह से नियंत्रित करने वाले, हर जगह समभाव दिखाने वाले, सभी जीवों के कल्याण में लगे हुए रूप में पूजा करते हैं, वे निश्चित रूप से मुझे प्राप्त करते हैं।

क्लेशोऽधिकतरस्तेषामव्यक्तासक्तचेतसाम् ।

अव्यक्ता हि गतिर्दुःखं देहवद्भिरवाप्यते ॥ १२-५॥

जिन लोगों का मन स्पष्टतया निराकार रूप से जुड़ा होता है, उन्हें अधिक कठिनाई होती है, क्योंकि निराकार रूप से सफलता बड़ी कठिनाइयों के साथ प्राप्त की जाती है, जिसे शरीर के भीतर से पहचाना जा सकता है।

ये तु सर्वाणि कर्माणि मयि संन्यस्य मत्पराः ।

अनन्येनैव योगेन मां ध्यायन्त उपासते ॥ १२-६॥

तेषामहं समुद्धर्ता मृत्युसंसारसागरात् ।

भवामि नचिरात्पार्थ मय्यावेशितचेतसाम् ॥ १२-७॥

परंतु जो अपने सभी कर्म मुझे समर्पित करते हैं, मेरे प्रति समर्पित होते हैं, एकाग्रता से मेरी ही पूजा करते हैं और जिनकी चेतना मुझमें लीन है, अर्जुन (पार्थ) मैं उन्हें बिना देर किए इस भौतिक संसार के सागर से मुक्त कर देता हूं।

मय्येव मन आधत्स्व मयि बुद्धिं निवेशय ।

निवसिष्यसि मय्येव अत ऊर्ध्वं न संशयः ॥ १२-८॥

अतः मन को मुझमें केन्द्रित करो, मुझे प्राप्त करने के लिए ज्ञान का प्रयोग करो, निस्संदेह तुम मेरे निकट आ जाओगे।

अथ चित्तं समाधातुं न शक्नोषि मयि स्थिरम् ।

अभ्यासयोगेन ततो मामिच्छाप्तुं धनञ्जय ॥ १२-९॥

हे अर्जुन, यदि तू अपने मन को पूर्णतः मुझमें एकाग्र नहीं कर पाता, तो मुझे प्राप्त करने की इच्छा से इसका अभ्यास कर; धनंजय (अर्जुन)।

अभ्यासेऽप्यसमर्थोऽसि मत्कर्मपरमो भव ।

मदर्थमपि कर्माणि कुर्वन्सिद्धिमवाप्स्यसि ॥ १२-१०॥

और यदि तुम ऐसा अभ्यास करने में असमर्थ हो, तो अपने कर्मों को मुझे समर्पित कर, मेरे लिए अपने कर्म करो; जिससे तुम अपना लक्ष्य प्राप्त कर लोगे।

अथैतदप्यशक्तोऽसि कर्तुं मद्योगमाश्रितः ।

सर्वकर्मफलत्यागं ततः कुरु यतात्मवान् ॥ १२-११॥

इसके अतिरिक्त यदि तुम मुझे अपने कर्म समर्पित कर कर्म करने में असमर्थ हो तो अपने कर्म के फल को सर्वथा त्याग कर अपने मन को वश में कर कर्म करो।

श्रेयो हि ज्ञानमभ्यासाज्ज्ञानाद्ध्यानं विशिष्यते ।

ध्यानात्कर्मफलत्यागस्त्यागाच्छान्तिरनन्तरम् ॥ १२-१२॥

ज्ञान वांछनीय है, ज्ञान के साथ ध्यान का अभ्यास करना श्रेष्ठ है। कर्म के फल को त्याग कर ध्यान करने से शांति मिलती है।

अद्वेष्टा सर्वभूतानां मैत्रः करुण एव च ।

निर्ममो निरहङ्कारः समदुःखसुखः क्षमी ॥ १२-१३॥

सन्तुष्टः सततं योगी यतात्मा दृढनिश्चयः ।

मय्यर्पितमनोबुद्धिर्यो मद्भक्तः स मे प्रियः ॥ १२-१४॥

ईर्ष्या न करने वाला, सभी प्राणियों के प्रति परोपकारी, दयालु, स्वामित्व की भावना से मुक्त, अहंकार से मुक्त, समभाव रखने वाला, क्षमा करने वाला, संतुष्ट रहने वाला, निरंतर स्थिर अभ्यास करने वाला, दृढ़निश्चयी, मेरे लिए मन और ज्ञान समर्पित करने वाला, मुझे बहुत प्रिय है।

यस्मान्नोद्विजते लोको लोकान्नोद्विजते च यः ।

हर्षामर्षभयोद्वेगैर्मुक्तो यः स च मे प्रियः ॥ १२-१५॥

चूँकि ऐसा व्यक्ति किसी से विक्षुब्ध (परेशान) नहीं होता और ऐसे व्यक्ति से कोई भी व्यक्ति विक्षुब्ध (परेशान) नहीं होता; वह प्रसन्नता , क्रोध, भय और चिंता से मुक्त है, मुझे बहुत प्रिय है।

अनपेक्षः शुचिर्दक्ष उदासीनो गतव्यथः ।

सर्वारम्भपरित्यागी यो मद्भक्तः स मे प्रियः ॥ १२-१६॥

इच्छारहित, शुद्ध हृदय वाला, चिंताओं से रहित, कष्टों से मुक्त, सभी सांसारिक सामग्रियों को त्यागने वाला, मेरे प्रति समर्पित व्यक्ति मुझे बहुत प्रिय है।

यो न हृष्यति न द्वेष्टि न शोचति न काङ्क्षति ।

शुभाशुभपरित्यागी भक्तिमान्यः स मे प्रियः ॥ १२-१७॥

अत्यधिक हर्षित न होना, न अधिक द्वेष करना, न अधिक दुःखी होना, अत्यधिक इच्छा न करना, शुभ और अशुभ का त्याग करना, हृदय से भक्त, मुझे अत्यंत प्रिय है।

समः शत्रौ च मित्रे च तथा मानापमानयोः ।

शीतोष्णसुखदुःखेषु समः सङ्गविवर्जितः ॥ १२-१८॥

तुल्यनिन्दास्तुतिर्मौनी सन्तुष्टो येन केनचित् ।

अनिकेतः स्थिरमतिर्भक्तिमान्मे प्रियो नरः ॥ १२-१९॥

जो शत्रु और मित्र के प्रति, मान और अपमान के प्रति, सर्दी और गर्मी के प्रति, सुख और दुख के प्रति समभाव रखता है, उसकी कोई आसक्ति नहीं होती।

मान-अपमान में समभाव रखना, वाणी में चिंतन करना, जो कुछ भी प्राप्त हो जाए उसी में संतोष करना और संसार को अपना घर बना लेना, मेरे प्रति समर्पित, दृढ़ निश्चयी, मुझे बहुत प्रिय है।

ये तु धर्म्यामृतमिदं यथोक्तं पर्युपासते ।

श्रद्दधाना मत्परमा भक्तास्तेऽतीव मे प्रियाः ॥ १२-२०॥

जो मेरे महान भक्त श्रद्धापूर्वक वर्णित धर्म और अमृत मार्ग के अनुसार मेरी पूजा करते हैं, वे मुझे अत्यंत प्रिय हैं।

13

क्षेत्र क्षेत्रज्ञ योग

अर्जुन उवाच ।

प्रकृतिं पुरुषं चैव क्षेत्रं क्षेत्रज्ञमेव च ।

एतद्वेदितुमिच्छामि ज्ञानं ज्ञेयं च केशव ॥ १३-१॥

अर्जुन ने कहा:

कृष्ण (केशव), मैं प्रकृति (भौतिक ऊर्जा) और पुरुष (चेतन ऊर्जा), गतिविधि के क्षेत्र और क्षेत्र गतिविधि के ज्ञाता, ज्ञान और ज्ञान की वस्तु को समझना चाहता हूं।

श्रीभगवानुवाच ।

इदं शरीरं कौन्तेय क्षेत्रमित्यभिधीयते ।

एतद्यो वेत्ति तं प्राहुः क्षेत्रज्ञ इति तद्विदः ॥ १३-२॥

श्री भगवान (कृष्ण) बोले:

अर्जुन (कौन्तेय), यह शरीर कर्मक्षेत्र है, जो इस कर्मक्षेत्र को जानता है, वही ज्ञाता है।

क्षेत्रज्ञं चापि मां विद्धि सर्वक्षेत्रेषु भारत ।

क्षेत्रक्षेत्रज्ञयोर्ज्ञानं यत्तज्ज्ञानं मतं मम ॥ १३-३॥

अर्जुन (भारत), क्रियाकलाप का ज्ञाता जानता है कि मैं (ईश्वर) सभी जीवों के भीतर हूं। मेरी राय में, दिव्य/शाश्वत ज्ञान गतिविधि के क्षेत्र का ज्ञान है और उसे जानने वाला ज्ञाता है।

तत्क्षेत्रं यच्च यादृक्च यद्विकारि यतश्च यत् ।

स च यो यत्प्रभावश्च तत्समासेन मे शृणु ॥ १३-४॥

मैं गतिविधियों के उस क्षेत्र, उसकी प्रकृति, उसके परिवर्तन, उसकी उत्पत्ति और उसके प्रभाव का वर्णन करूंगा; सारांश में सुनो।

ऋषिभिर्बहुधा गीतं छन्दोभिर्विविधैः पृथक् ।

ब्रह्मसूत्रपदैश्चैव हेतुमद्भिर्विनिश्चितैः ॥ १३-५॥

ऋषियों ने इसे विभिन्न छंदों में अनेक प्रकार से गाया है, वैदिक ग्रंथों के माध्यम से इसके तर्क और निर्णायक प्रमाणों के साथ पाठ किया है।

महाभूतान्यहङ्कारो बुद्धिरव्यक्तमेव च ।
इन्द्रियाणि दशैकं च पञ्च चेन्द्रियगोचराः ॥ १३-६॥
इच्छा द्वेषः सुखं दुःखं सङ्घातश्चेतना धृतिः ।
एतत्क्षेत्रं समासेन सविकारमुदाहृतम् ॥ १३-७॥

कर्म क्षेत्र में मिथ्या अहंकार तथा लोगों का अव्यक्त ज्ञान, दस इन्द्रियाँ तथा मन सहित पाँच विषय, इच्छा, तिरस्कार, सुख, दुःख, चेतना का प्रभाव तथा संकल्प सम्मिलित हैं; यह अच्छी तरह से स्वीकार किया गया है और उद्धृत किया गया है।

अमानित्वमदम्भित्वमहिंसा क्षान्तिरार्जवम् ।
आचार्योपासनं शौचं स्थैर्यमात्मविनिग्रहः ॥ १३-८॥
इन्द्रियार्थेषु वैराग्यमनहङ्कार एव च ।
जन्ममृत्युजराव्याधिदुःखदोषानुदर्शनम् ॥ १३-९॥
असक्तिरनभिष्वङ्गः पुत्रदारगृहादिषु ।
नित्यं च समचित्तत्वमिष्टानिष्टोपपत्तिषु ॥ १३-१०॥
मयि चानन्ययोगेन भक्तिरव्यभिचारिणी ।
विविक्तदेशसेवित्वमरतिर्जनसंसदि ॥ १३-११॥
अध्यात्मज्ञाननित्यत्वं तत्त्वज्ञानार्थदर्शनम् ।
एतज्ज्ञानमिति प्रोक्तमज्ञानं यदतोऽन्यथा ॥ १३-१२॥

मानवता, नम्रता, अहिंसा, सहनशीलता, सादगी, गुरु के प्रति श्रद्धा, पवित्रता, दृढ़ता, आत्म-नियंत्रण, इंद्रियों की इच्छाओं का त्याग, अहंकार से मुक्ति, जन्म, मृत्यु, बुढ़ापा, रोग के दुखों और दोषों को समझना, पुत्र, पत्नी, पुत्री और घर के प्रति आत्मीयता (लगाव) और वैराग्य के प्रति समभाव, अनुकूल और प्रतिकूल परिस्थितियों में समभाव, मेरी अनन्य भक्ति, एकांत शांत स्थान की पसंद, भौतिकवाद के प्रति उदासीनता, आत्म-बोध के लिए नियमित ध्यान, पारलौकिक चेतना, सब कुछ ज्ञान बताया गया है और इसके विपरीत ज्ञान का अभाव है।

ज्ञेयं यत्तत्प्रवक्ष्यामि यज्ज्ञात्वामृतमश्नुते ।
अनादिमत्परं ब्रह्म न सत्तन्नासदुच्यते ॥ १३-१३॥
सर्वतः पाणिपादं तत्सर्वतोऽक्षिशिरोमुखम् ।
सर्वतः श्रुतिमल्लोके सर्वमावृत्य तिष्ठति ॥ १३-१४॥
सर्वेन्द्रियगुणाभासं सर्वेन्द्रियविवर्जितम् ।
असक्तं सर्वभृच्चैव निर्गुणं गुणभोक्तृ च ॥ १३-१५॥
बहिरन्तश्च भूतानामचरं चरमेव च ।
सूक्ष्मत्वात्तदविज्ञेयं दूरस्थं चान्तिके च तत् ॥ १३-१६॥

अविभक्तं च भूतेषु विभक्तमिव च स्थितम् ।
भूतभर्तृ च तज्ज्ञेयं ग्रसिष्णु प्रभविष्णु च ॥ १३-१७॥

अब मैं यह बताऊंगा कि जानने योग्य क्या है, जिसे जानने से दिव्यता प्राप्त होती है। यह अनुभव करते हुए कि मैं शाश्वत, सर्वोच्च, अस्तित्वहीन भी हूं, हाथ-पैर वाला, नेत्र और मुख वाला, सुनने वाला सर्वत्र स्थित भी हूं; इंद्रियों की शक्ति का अनुभव सभी को होता है, फिर भी मैं इंद्रियों से रहित हूं, पूरी तरह से अनासक्त हूं, फिर भी सभी का पालनकर्ता हूं, बिना रूप के हूं, फिर भी सक्षमता से भरा हूं, सभी जीवों के भीतर और बाहर, चाहे वे स्थिर हों या गतिशील; उपपरमाण्विक आकार का, अज्ञात, बहुत निकट स्थित, फिर भी बहुत दूर, सर्वोच्च, अविभाज्य फिर भी विभाजित और सभी जीवों के बीच स्थित, निर्माता, सभी जीवित इकाइयांका पालनकर्ता और संहारक हूं, जिसे जानना चाहिए।

ज्योतिषामपि तज्ज्योतिस्तमसः परमुच्यते ।
ज्ञानं ज्ञेयं ज्ञानगम्यं हृदि सर्वस्य विष्ठितम् ॥ १३-१८॥

सभी प्रकाशित करने वाली वस्तुओं में प्रकाश, जो अंधकार (अज्ञान) से प्रकाश प्रदान करने के लिए जाना जाता है, ज्ञान प्रदाता, ज्ञान का गंतव्य, सभी जीवों के हृदय में निवास करता हूँ।

इति क्षेत्रं तथा ज्ञानं ज्ञेयं चोक्तं समासतः ।
मद्भक्त एतद्विज्ञाय मद्भावायोपपद्यते ॥ १३-१९॥

जैसा कि ऊपर संक्षेप में बताया गया है, इस क्षेत्र और ज्ञान को जानने और इस ज्ञान को समझने से, मेरे भक्त मेरी दिव्यता के लिए अर्हता प्राप्त करते हैं।

प्रकृतिं पुरुषं चैव विद्ध्यनादी उभावपि ।
विकारांश्च गुणांश्चैव विद्धि प्रकृतिसम्भवान् ॥ १३-२०॥

जान लें कि प्रकृति (भौतिक ऊर्जा) और पुरुष (आत्मा या आंतरिक ऊर्जा या चेतन ऊर्जा), दोनों शाश्वत और अन्योन्याश्रित हैं, प्रकृति शरीर और स्वभाव में विचलन करती है।

कार्यकारणकर्तृत्वे हेतुः प्रकृतिरुच्यते ।
पुरुषः सुखदुःखानां भोक्तृत्वे हेतुरुच्यते ॥ १३-२१॥

कार्य करने के लिए, प्रकृति (भौतिक ऊर्जा) कार्य के कारण और प्रभाव में रुचि रखती है, पुरुष (चेतन ऊर्जा) सुख और दुखकी अनुभूति (महसूस) करने में रुचि रखता है।

पुरुषः प्रकृतिस्थो हि भुङ्क्ते प्रकृतिजान्गुणान् ।
कारणं गुणसङ्गोऽस्य सदसद्योनिजन्मसु ॥ १३-२२॥

प्रकृति (शरीर-भौतिक ऊर्जा) में स्थित पुरुष (आत्मा या चेतन ऊर्जा) निश्चित रूप से प्रकृति द्वारा उत्पन्न स्वभावों के प्रभाव को सहन करता है, और स्वभाव के साथ-साथ उपयुक्त या अयोग्य योनियों में असंख्य जन्मों का कारण बनता है।

उपद्रष्टानुमन्ता च भर्ता भोक्ता महेश्वरः ।
परमात्मेति चाप्युक्तो देहेऽस्मिन्पुरुषः परः ॥ १३-२३॥

सदैव देखने वाला, आधिकारिक, संरक्षक, आनंद प्रदाता, श्रेष्ठ पुरुष (आत्मा या चेतन ऊर्जा) है और शरीर के अंदर सर्वोच्च कहा जाता है।

य एवं वेत्ति पुरुषं प्रकृतिं च गुणैः सह ।

सर्वथा वर्तमानोऽपि न स भूयोऽभिजायते ॥ १३-२४॥

जो कोई भी पुरुष (आत्मा या चेतन ऊर्जा) और प्रकृति (शरीर या भौतिक ऊर्जा) दोनों की शक्ति को इस तरह समझता है, वह जीवित रहते हुए भी कभी भी भौतिक शरीर की ओर आकर्षित नहीं होता है।

ध्यानेनात्मनि पश्यन्ति केचिदात्मानमात्मना ।

अन्ये साङ्ख्येन योगेन कर्मयोगेन चापरे ॥ १३-२५॥

कुछ को आत्म-ध्यान के माध्यम से, कुछ को आत्म-साक्षात्कार के माध्यम से, दूसरों को आत्मा और शरीर को एकजुट करने के माध्यम से और कुछ को कर्म योग (कार्य करना) के माध्यम से इसकी अनुभूति होती है।

अन्ये त्वेवमजानन्तः श्रुत्वान्येभ्य उपासते ।

तेऽपि चातितरन्त्येव मृत्युं श्रुतिपरायणाः ॥ १३-२६॥

अन्य लोग इन विधियों को जाने बिना, दूसरों से सुनकर, पूजा-पाठ में लग जाते हैं, वे भी मृत्यु के बाद भक्ति में लीन होकर पार हो जाते हैं।

यावत्सञ्जायते किञ्चित्सत्त्वं स्थावरजङ्गमम् ।

क्षेत्रक्षेत्रज्ञसंयोगात्तद्विद्धि भरतर्षभ ॥ १३-२७॥

अर्जुन (भरतर्षभ), जो भी जीवित शरीर हैं, चाहे वे स्थिर हों या गतिशील, वे सभी क्षेत्र गतिविधियों के संपर्क से और गतिविधियों के क्षेत्र के ज्ञाता द्वारा अस्तित्व में आते हैं।

समं सर्वेषु भूतेषु तिष्ठन्तं परमेश्वरम् ।

विनश्यत्स्वविनश्यन्तं यः पश्यति स पश्यति ॥ १३-२८॥

जो कोई ईश्वर (अविनाशी) को सभी जीवित (नाशवान) शरीरों में समान रूप से निवास करता है, नाशवान में अविनाशी की अनुभूति (महसूस) करता है, केवल वह आत्म-साक्षात्कारी व्यक्ति है।

समं पश्यन्हि सर्वत्र समवस्थितमीश्वरम् ।

न हिनस्त्यात्मनात्मानं ततो याति परां गतिम् ॥ १३-२९॥

जो ईश्वर को सर्वत्र समान रूप से सब में स्थित देखता है और अविनाशी आत्मा (पुरुष) का अपमान नहीं करता, वह सर्वोच्च लक्ष्य (सुख) प्राप्त करता है।

प्रकृत्यैव च कर्माणि क्रियमाणानि सर्वशः ।

यः पश्यति तथात्मानमकर्तारं स पश्यति ॥ १३-३०॥

जो कोई भी प्रकृति (भौतिक ऊर्जा/शरीर) द्वारा की जा रही गतिविधियों की सभी प्रकार से अनुभूति (महसूस) करता है, ऐसा व्यक्ति अकर्ता होने के कारण शरीर की पूरी तरह से अनुभूति (महसूस) करता है।

यदा भूतपृथग्भावमेकस्थमनुपश्यति ।

तत एव च विस्तारं ब्रह्म सम्पद्यते तदा ॥ १३-३१॥

जब कोई सभी विविध जीवन रूपों को एक के रूप में देखता है और वास्तव में इस अवधारणा का विस्तार करता है कि उनमें सर्वोच्च स्थित है, उस समय आत्म-साक्षात्कार प्राप्त होता है।

अनादित्वान्निर्गुणत्वात्परमात्मायमव्ययः ।

शरीरस्थोऽपि कौन्तेय न करोति न लिप्यते ॥ १३-३२॥

शाश्वत, निर्विकार, भौतिकवाद मुक्त, शरीर में स्थित, ईश्वर इसमें कभी कुछ नहीं करते और न ही इसमें लिप्त होते हैं, अर्जुन (कौन्तेय)।

यथा सर्वगतं सौक्ष्म्यादाकाशं नोपलिप्यते ।

सर्वत्रावस्थितो देहे तथात्मा नोपलिप्यते ॥ १३-३३॥

जिस प्रकार सर्वव्यापी अंतरिक्ष अनन्त होते हुए भी आकाश में कभी लिप्त नहीं होता, उसी प्रकार प्रत्येक जीवित शरीर में स्थित सर्वव्यापी पुरुष (आत्मा या चेतन ऊर्जा) भी इसमें लिप्त नहीं होता।

यथा प्रकाशयत्येकः कृत्स्नं लोकमिमं रविः ।

क्षेत्रं क्षेत्री तथा कृत्स्नं प्रकाशयति भारत ॥ १३-३४॥

अर्जुन (भारत), जैसे एक सूर्य संपूर्ण जगत को प्रकाशित करता है, उसी प्रकार चेतन ऊर्जा (क्षेत्रीय गतिविधियों का नियंत्रक) जीवित इकाइयांकी गतिविधियों के पूरे क्षेत्र को प्रकाशित करती है।

क्षेत्रक्षेत्रज्ञयोरेवमन्तरं ज्ञानचक्षुषा ।

भूतप्रकृतिमोक्षं च ये विदुर्यान्ति ते परम् ॥ १३-३५॥

गतिविधियों के क्षेत्र (शरीर) और क्षेत्र की गतिविधियों के ज्ञाता के बीच अंतर, इस ज्ञान को समझने वाले लोगों द्वारा, अनुभव किया जा सकता है। इसका गहन ज्ञान रखने वाले लोग परमगति को प्राप्त कर लेते हैं।

14

तीन भाव योग

श्रीभगवानुवाच ।

परं भूयः प्रवक्ष्यामि ज्ञानानां ज्ञानमुत्तमम् ।

यज्ज्ञात्वा मुनयः सर्वे परां सिद्धिमितो गताः ॥ १४-१॥

श्री भगवान (कृष्ण) बोले:

अब मैं परम ज्ञान, सर्वोत्तम महान ज्ञान का वर्णन करूंगा, जिसे जानकर सभी महान ऋषि परम लक्ष्य को प्राप्त करते हैं।

इदं ज्ञानमुपाश्रित्य मम साधर्म्यमागताः ।

सर्गेऽपि नोपजायन्ते प्रलये न व्यथन्ति च ॥ १४-२॥

इस ज्ञान के आधार पर, मेरे दिव्य स्वभाव को प्राप्त कर, कोई व्यक्ति न तो सार्वभौमिक सृजन के दौरान पुनर्जन्म लेता है और न ही सार्वभौमिक विनाश के दौरान नष्ट होता है।

मम योनिर्महद् ब्रह्म तस्मिन्गर्भं दधाम्यहम् ।

सम्भवः सर्वभूतानां ततो भवति भारत ॥ १४-३॥

अर्जुन (भारत), मैं अपनी भौतिक ऊर्जा से गर्भ में भ्रूण डालता हूं, और बाद में मेरे द्वारा प्रकट हुए सभी जीवित शरीरों को विकसित करता हूं।

सर्वयोनिषु कौन्तेय मूर्तयः सम्भवन्ति याः ।

तासां ब्रह्म महद्योनिरहं बीजप्रदः पिता ॥ १४-४॥

अर्जुन (कौन्तेय), सभी जीव प्रजातियों के गर्भ से अस्तित्व में आती हैं, मैं पिता (पुरुष) हूं और उनकी भौतिक ऊर्जा (प्रकृति) का स्रोत हूं जो उनमें आत्मा (आंतरिक ऊर्जा) प्रदान करता हूं।

सत्त्वं रजस्तम इति गुणाः प्रकृतिसम्भवाः ।

निबध्नन्ति महाबाहो देहे देहिनमव्ययम् ॥ १४-५॥

भाव - सतोगुण, रजोगुण और तमोगुण शरीर को नियंत्रित करने वाली प्रकृति (भौतिक ऊर्जा) और शरीर के भीतर अपरिवर्तनीय चेतना (पुरुष) से उत्पन्न होते हैं।

तत्र सत्त्वं निर्मलत्वात्प्रकाशकमनामयम् ।

सुखसङ्गेन बध्नाति ज्ञानसङ्गेन चानघ ॥ १४-६॥

इनमें सतोगुण निष्कलंक, ज्ञानवर्धक और शांत, ज्ञान के साथ सुख से जुड़ा हुआ है।

रजो रागात्मकं विद्धि तृष्णासङ्गसमुद्भवम् ।

तन्निबध्नाति कौन्तेय कर्मसङ्गेन देहिनम् ॥ १४-७॥

अर्जुन (कौन्तेय), रजोगुण इंद्रियों की संतुष्टि और मोह के लिए प्रेम, इच्छा और आत्मीयता(लगाव) का स्रोत है, जो स्वयं के भीतर कर्म और चेतना को नियंत्रित करता है।

तमस्त्वज्ञानजं विद्धि मोहनं सर्वदेहिनाम् ।

प्रमादालस्यनिद्राभिस्तन्निबध्नाति भारत ॥ १४-८॥

अर्जुन (भारत), यह जान लो कि तमोगुण अज्ञान का स्रोत है, संपूर्ण शरीर और चेतना को मोहग्रस्त कर प्रमाद, आलस्य और निष्क्रियता (सुस्ती) उत्पन्न करता है।

सत्त्वं सुखे सञ्जयति रजः कर्मणि भारत ।

ज्ञानमावृत्य तु तमः प्रमादे सञ्जयत्युत ॥ १४-९॥

अर्जुन (भारत); सतोगुण सुख की ओर ले जाता है, रजोगुण कर्म के परिणाम के प्रति आसक्ति की ओर ले जाता है, और तमोगुण प्रमाद और ज्ञान के आवरण की ओर ले जाता है।

रजस्तमश्चाभिभूय सत्त्वं भवति भारत ।

रजः सत्त्वं तमश्चैव तमः सत्त्वं रजस्तथा ॥ १४-१०॥

अर्जुन (भारत); सतोगुण भाव, रजोगुण और तमोगुण पर हावी हो सकता है, रजोगुण, सतोगुण और तमोगुण पर हावी हो सकता है, और तमोगुण, सतोगुण और रजोगुण पर हावी हो सकता है। (ये तीनों भाव हमेशा शरीर में रहते हैं, और कोई भी किसी भी समय अन्य दो पर हावी हो सकते हैं)।

सर्वद्वारेषु देहेऽस्मिन्प्रकाश उपजायते ।

ज्ञानं यदा तदा विद्यादिववृद्धं सत्त्वमित्युत ॥ १४-११॥

जब सभी इंद्रियों से ज्ञान का प्रकाश प्रकट हो तो जान लें कि वहां सतोगुण की ही प्रधानता है।

लोभः प्रवृत्तिरारम्भः कर्मणामशमः स्पृहा ।

रजस्येतानि जायन्ते विवृद्धे भरतर्षभ ॥ १४-१२॥

अर्जुन (भरतर्षभ); रजोगुण की प्रधानता के कारण लालच, इंद्रियों को तृप्त करने के लिए कार्य करने की बेचैनी और कामुक भोग की निरंतर इच्छा उत्पन्न होती है।

अप्रकाशोऽप्रवृत्तिश्च प्रमादो मोह एव च ।

तमस्येतानि जायन्ते विवृद्धे कुरुनन्दन ॥ १४-१३॥

अर्जुन (कुरुनंदन); तमोगुण की प्रधानता से अविद्या, अनासक्ति (अलगाव), नशा और भ्रम की वृत्ति उत्पन्न होती है।

यदा सत्त्वे प्रवृद्धे तु प्रलयं याति देहभृत् ।
तदोत्तमविदां लोकानमलान्प्रतिपद्यते ॥ १४-१४॥

जब सतोगुण प्रबल होता है तो मृत्यु वहां भी पहुंचती है परन्तु महिमा और आध्यात्मिक ज्ञान के साथ जाती है।

रजसि प्रलयं गत्वा कर्मसङ्गिषु जायते ।
तथा प्रलीनस्तमसि मूढयोनिषु जायते ॥ १४-१५॥

रजोगुण के साथ मृत्यु तक पहुंचने पर अगले जन्म में कर्म साथ जाते हैं और तमोगुण की प्रधानता में कामवासना से मोहग्रस्त योनि में जन्म मिलता है।

कर्मणः सुकृतस्याहुः सात्त्विकं निर्मलं फलम् ।
रजसस्तु फलं दुःखमज्ञानं तमसः फलम् ॥ १४-१६॥

सतोगुण भाव के अंतर्गत कर्मों का परिणाम शांति, रजोगुण भाव के अंतर्गत कष्ट और तमोगुण के अंतर्गत अज्ञान होता है।

सत्त्वात्सञ्जायते ज्ञानं रजसो लोभ एव च ।
प्रमादमोहौ तमसो भवतोऽज्ञानमेव च ॥ १४-१७॥

ज्ञान के साथ सतोगुण, लोभ के साथ रजोगुण, और अज्ञान के कारण उत्पन्न मोह एवं आसक्ति के साथ तमोगुण चलता है।

ऊर्ध्वं गच्छन्ति सत्त्वस्था मध्ये तिष्ठन्ति राजसाः ।
जघन्यगुणवृत्तिस्था अधो गच्छन्ति तामसाः ॥ १४-१८॥

सतोगुण भाव वाले ऊपर स्वर्ग लोक में जाते हैं, रजोगुण भाव वाले पार्थिव लोक में मध्य में रहते हैं और तमोगुण भाव वाले नरक लोक में नीचे जाते हैं।

नान्यं गुणेभ्यः कर्तारं यदा द्रष्टानुपश्यति ।
गुणेभ्यश्च परं वेत्ति मद्भावं सोऽधिगच्छति ॥ १४-१९॥

जब कोई कर्मकर्ता यह समझता है कि इन तीन भावों के बिना कुछ भी नहीं किया जा रहा है, और जानता है कि इन भावों से परे क्या है, तो वह मेरी दिव्य प्रकृति को प्राप्त कर लेता है।

गुणानेतानतीत्य त्रीन्देही देहसमुद्भवान् ।
जन्ममृत्युजरादुःखैर्विमुक्तोऽमृतमश्नुते ॥ १४-२०॥

जब कोई व्यक्ति शरीर के भौतिकवाद के कारण से मुक्त होकर इन तीन भावों से ऊपर पहुंच जाता है; जन्म, मृत्यु, बुढ़ापा, शोक से मुक्त हो जाता है और अमरत्व का आनंद लेता है।

अर्जुन उवाच ।
कैर्लिङ्गैस्त्रीन्गुणानेतानतीतो भवति प्रभो ।
किमाचारः कथं चैतांस्त्रीन्गुणानतिवर्तते ॥ १४-२१॥

अर्जुन बोले:

प्रभु (भगवान); इन तीनों भावों से ऊपर होने के लक्षण क्या हैं, आचरण क्या है और ये भाव कैसे विकसित होते हैं?

श्रीभगवानुवाच ।

प्रकाशं च प्रवृत्तिं च मोहमेव च पाण्डव ।

न द्वेष्टि सम्प्रवृत्तानि न निवृत्तानि काङ्क्षति ॥ १४-२२॥

उदासीनवदासीनो गुणैर्यो न विचाल्यते ।

गुणा वर्तन्त इत्येवं योऽवतिष्ठति नेङ्गते ॥ १४-२३॥

समदुःखसुखः स्वस्थः समलोष्टाश्मकाञ्चनः ।

तुल्यप्रियाप्रियो धीरस्तुल्यनिन्दात्मसंस्तुतिः ॥ १४-२४॥

मानापमानयोस्तुल्यस्तुल्यो मित्रारिपक्षयोः ।

सर्वारम्भपरित्यागी गुणातीतः स उच्यते ॥ १४-२५॥

श्री भगवान (कृष्ण) बोले:

अर्जुन (पांडव), ज्ञान विस्तार की प्रवृति रखने वाला, इच्छाओं के प्रति राग या द्वेष न रखने वाला, भावों के प्रति असंवेदनशील परन्तु उनकी प्रतिक्रिया से अविचलित, दृढ़, दृढ़ता से जानने वाला कि भाव ही कर्ता हैं, सुख और दुख में समभाव रखने वाला, मिट्टी, पत्थर और सोने को समान रूप से देखने वाला, सुखद और अप्रिय को समान रूप से मानने वाला, निंदा और प्रशंसा को धैर्यपूर्वक समान रूप से अपनाने वाला, मान और अपमान को समान रूप से लेने वाला, मित्र और शत्रु को समान रूप से समझने वाला, इन सभी का पालन करने वाला त्यागी (सन्यासी) भावों से ऊपर है; यह कहा जाता है।

मां च योऽव्यभिचारेण भक्तियोगेन सेवते ।

स गुणान्समतीत्यैतान्ब्रह्मभूयाय कल्पते ॥ १४-२६॥

जो व्यक्ति इस प्रकार बिना किसी विचलन के सेवा करते हुए मेरे प्रति समर्पण रखता है, वह भावों से ऊपर उठ जाता है, और देवत्व प्राप्त करने के योग्य हो जाता है।

ब्रह्मणो हि प्रतिष्ठाहममृतस्याव्ययस्य च ।

शाश्वतस्य च धर्मस्य सुखस्यैकान्तिकस्य च ॥ १४-२७॥

वास्तव में, दिव्यता ही शानदार, अविनाशी, शाश्वत और धार्मिक पारलौकिक आनंद प्राप्त करने की नींव है।

15

परम व्यक्तित्व योग

श्रीभगवानुवाच ।

ऊर्ध्वमूलमधःशाखमश्वत्थं प्राहुरव्ययम् ।

छन्दांसि यस्य पर्णानि यस्तं वेद स वेदवित् ॥ १५-१॥

श्री भगवान (कृष्ण) बोले:

ऐसा कहा जाता है कि एक बरगद का पेड़, जिसकी जड़ें ऊपर और शाखाएं नीचे हैं, को प्रतीकात्मक रूप से अविनाशी सर्वोच्च (शीर्ष पर प्राथमिक जड़ की नोक द्वारा दर्शाया गया) जानने के लिए दर्शाया जा सकता है, वैदिक ग्रंथों के अनुसार पत्तियां इंद्रियों को प्रदर्शित करती हैं। जो इसे समझने में सक्षम है वही वैदिक शास्त्रों का ज्ञाता है।

अधश्चोर्ध्वं प्रसृतास्तस्य शाखा गुणप्रवृद्धा विषयप्रवालाः ।

अधश्च मूलान्यनुसन्ततानि कर्मानुबन्धीनि मनुष्यलोके ॥ १५-२॥

पेड़ की ऊपर और नीचे की ओर जाने वाली शाखाएँ भावों के कारण होने वाली प्रक्रियाओं का प्रतीक हैं, अंकुरित पत्तियाँ इंद्रिय वस्तुओं को प्रदर्शित करती हैं, नीचे की ओर फैली हुई जड़ें मानव जगत में कर्म और आसक्ति को प्रदर्शित करती हैं।

न रूपमस्येह तथोपलभ्यते नान्तो न चादिर्न च सम्प्रतिष्ठा ।

अश्वत्थमेनं सुविरूढमूलं असङ्गशस्त्रेण दृढेन छित्त्वा ॥ १५-३॥

आसक्ति को प्रदर्शित करती करने वाली मजबूत और दृढ़ सहारे वाली जड़ों वाले उल्टे बरगद के पेड़ की न तो इस संसार में कल्पना की जा सकती है और न ही इसके ऊपर और नीचे की कल्पना, वैराग्य के तेज हथियार से काटे बिना की जा सकती है।

ततः पदं तत्परिमार्गितव्यं यस्मिन्गता न निवर्तन्ति भूयः ।

तमेव चाद्यं पुरुषं प्रपद्ये यतः प्रवृत्तिः प्रसृता पुराणी ॥ १५-४॥

जो जानबूझकर पत्तियों की ओर (प्राथमिक जड़ के सिरे से दूर) जाते हैं, वे बार-बार उस स्थान पर पहुँचते हैं जहाँ से लौटना संभव नहीं होता। इस प्रकार, ऐसे व्यक्ति निरंतर उत्पन्न होने वाली प्रक्रिया के प्रति समर्पण कर देते हैं।

निर्मानमोहा जितसङ्गदोषा अध्यात्मनित्या विनिवृतकामाः ।

द्वन्द्वैर्विमुक्ताः सुखदुःखसंज्ञै र्गच्छन्त्यमूढाः पदमव्ययं तत् ॥ १५-५॥

अहंकार और आसक्ति से रहित, पतित संगति से दूर रहने वाला, प्रतिदिन आध्यात्मिक गतिविधियों में संलग्न रहने वाला, वासना से अलग, सुख और दुख के द्वंदों से मुक्त (पेड़ के तने और उसके बाद मूल जड़ के मार्ग का अनुसरण करते हुए, शाखाओं और आगे सहारा जड़ों की ओर विचलित हुए बिना), बुद्धिमान व्यक्ति, अविनाशी शीर्ष (उल्टे बरगद के पेड़ की प्राथमिक जड़ के निचले सिरे) तक पहुँचता है।

न तद्भासयते सूर्यो न शशाङ्को न पावकः ।

यद्गत्वा न निवर्तन्ते तद्धाम परमं मम ॥ १५-६॥

मेरा स्थान सर्वथा प्रकाशमय है, जहाँ न सूर्य का प्रकाश है, न चन्द्रमा का, न अग्नि का। मेरे स्थान पर पहुँचने पर पुनर्जन्म (वापसी) नहीं होता।

ममैवांशो जीवलोके जीवभूतः सनातनः ।

मनःषष्ठानीन्द्रियाणि प्रकृतिस्थानि कर्षति ॥ १५-७॥

वास्तव में भौतिक जगत में जीव मेरी अनंत लघु शक्ति से हैं। उनका चरित्र मन और छह इंद्रियों से प्रभावित और संचालित होता है।

शरीरं यदवाप्नोति यच्चाप्युत्क्रामतीश्वरः ।

गृहीत्वैतानि संयाति वायुर्गन्धानिवाशयात् ॥ १५-८॥

जिस भी शरीर में शाश्वत (अनन्त) शक्ति (ईश्वर) प्रवेश करती है, ईश्वर उस शरीर से, जो चला गया है, सांस और घ्राण (गंध की अनुभूति) पुराने शरीर से इस नए शरीर में स्थानांतरित करता है।

श्रोत्रं चक्षुः स्पर्शनं च रसनं घ्राणमेव च ।

अधिष्ठाय मनश्चायं विषयानुपसेवते ॥ १५-९॥

सुनना, देखना, छूना, चखना और सूंघना मन द्वारा संचालित होते हैं, निश्चित रूप से मन इंद्रियों का आनंद लेता है।

उत्क्रामन्तं स्थितं वापि भुञ्जानं वा गुणान्वितम् ।

विमूढा नानुपश्यन्ति पश्यन्ति ज्ञानचक्षुषः ॥ १५-१०॥

भावों से प्रभावित अज्ञानी, शरीर से निकलने वाली, शरीर में रहने वाली और शरीर को धारण करने वाली इस अनंत शक्ति को नहीं देख सकते हैं, परन्तु ज्ञान की आंखों से प्रबुद्ध लोग उसे अनुभव कर सकते हैं।

यतन्तो योगिनश्चैनं पश्यन्त्यात्मन्यवस्थितम् ।

यतन्तोऽप्यकृतात्मानो नैनं पश्यन्त्यचेतसः ॥ १५-११॥

निरंतर प्रयत्न में लगे रहने वाला पूर्ण योगी शरीर के भीतर स्थित इस अतिसूक्ष्म शक्ति का अनुभव कर लेता है, परन्तु अनैतिक और दूषित मन कभी भी इस अतिसूक्ष्म शक्ति का अनुभव नहीं कर पाता।

यदादित्यगतं तेजो जगद्भासयतेऽखिलम् ।
यच्चन्द्रमसि यच्चाग्नौ तत्तेजो विद्धि मामकम् ॥ १५-१२॥

तू यह जान ले कि सूर्य से जो तेज समस्त ब्रह्माण्ड को प्रकाशित करता है, चन्द्रमा से तथा अग्नि से जो तेज निकलता है वह मुझसे ही है।

गामाविश्य च भूतानि धारयाम्यहमोजसा ।
पुष्णामि चौषधीः सर्वाः सोमो भूत्वा रसात्मकः ॥ १५-१३॥

पूरे ब्रह्मांड में, मैं अपनी प्रतिभा से सभी जीवित शरीरों की रक्षा करता हूं और रस के माध्यम से सभी पौधों के जीवन का पोषण करता हूं।

अहं वैश्वानरो भूत्वा प्राणिनां देहमाश्रितः ।
प्राणापानसमायुक्तः पचाम्यन्नं चतुर्विधम् ॥ १५-१४॥

मैं ब्रह्माण्ड के प्राणियों के शरीर में श्वास लेकर और शरीर से श्वास छोड़ कर चारों प्रकार के खाद्य पदार्थों को पचाता हूँ।

सर्वस्य चाहं हृदि सन्निविष्टो मत्तः स्मृतिर्ज्ञानमपोहनञ्च ।
वेदैश्च सर्वैरहमेव वेद्यो वेदान्तकृद्वेदविदेव चाहम् ॥ १५-१५॥

मैं सभी जीवित प्राणियों के हृदय में स्थित हूं, मुझसे स्मृति, ज्ञान, विस्मृति उत्पन्न होती है, मैं वास्तव में शाश्वत/दिव्य ज्ञान (वेद) का निष्कर्ष और ज्ञाता हूं।

द्वाविमौ पुरुषौ लोके क्षरश्चाक्षर एव च ।
क्षरः सर्वाणि भूतानि कूटस्थोऽक्षर उच्यते ॥ १५-१६॥

सभी ब्रह्मांडों में जीवित शरीरों के बारे में कहा जाता है कि नश्वर और अविनाशी केवल दो सिद्धांत हैं, सभी जीव नश्वर हैं और सर्वोच्च शक्ति अविनाशी है।

उत्तमः पुरुषस्त्वन्यः परमात्मेत्युदाहृतः ।
यो लोकत्रयमाविश्य बिभर्त्यव्यय ईश्वरः ॥ १५-१७॥

अंत में, एक परम व्यक्तित्व है, जिसे परमात्मा (अंतिम), सर्वोच्च (ईश्वर), हर चीज का नियंत्रक, तीनों ब्रह्मांडों का स्वामी, पालनकर्ता और अविनाशी बताया गया है।

यस्मात्क्षरमतीतोऽहमक्षरादपि चोत्तमः ।
अतोऽस्मि लोके वेदे च प्रथितः पुरुषोत्तमः ॥ १५-१८॥

क्योंकि मैं नश्वर, परम और अविनाशी से भी ऊपर हूं, इसलिए मुझे ब्रह्मांडों और वेदों में परम पुरुष माना जाता है।

यो मामेवमसम्मूढो जानाति पुरुषोत्तमम् ।
स सर्वविद्भजति मां सर्वभावेन भारत ॥ १५-१९॥

अर्जुन (भारत), जो बिना किसी भ्रम के मुझे परम (परमेश्वर) के रूप में जानता है, वह सब कुछ समझता है और हर तरह से मेरे प्रति समर्पित है।

इति गुह्यतमं शास्त्रमिदमुक्तं मयानघ ।
एतद्बुद्ध्वा बुद्धिमान्स्यात्कृतकृत्यश्च भारत ॥ १५-२०॥

अर्जुन (भारत), मैंने इस प्रकार वेदों के सबसे गूढ़ अर्थ का वर्णन किया है, जिसे जानकर मनुष्य सभी कार्यों में ज्ञानी और निपुण हो जाता है।

16

दैवीय-आसुरी स्वभाव योग

श्रीभगवानुवाच ।

अभयं सत्त्वसंशुद्धिर्ज्ञानयोगव्यवस्थितिः ।

दानं दमश्च यज्ञश्च स्वाध्यायस्तप आर्जवम् ॥ १६-१॥

अहिंसा सत्यमक्रोधस्त्यागः शान्तिरपैशुनम् ।

दया भूतेष्वलोलुप्त्वं मार्दवं ह्रीरचापलम् ॥ १६-२॥

तेजः क्षमा धृतिः शौचमद्रोहो नातिमानिता ।

भवन्ति सम्पदं दैवीमभिजातस्य भारत ॥ १६-३॥

श्री भगवान (कृष्ण) बोले:

निर्भयता, शुद्ध हृदय, स्वयं और सर्वोच्च का ज्ञान, दान, आत्म-नियंत्रण, अर्पण, वैदिक अध्ययन, तपस्या, ईमानदारी, अहिंसा, सत्यता, क्रोध का त्याग, शांति, दोष खोजने से घृणा, सभी प्राणियों के प्रति दया, दयालुता, लोभ का अभाव, नम्रता, शील, दृढ़ संकल्प, तेज, क्षमा, स्थिरता, पवित्रता, द्वेष से मुक्ति, अभिमान का अभाव, दैवीय स्वभाव के कारण नवजात शिशु में उत्पन्न होते हैं; अर्जुन (भारत)।

दम्भो दर्पोऽभिमानश्च क्रोधः पारुष्यमेव च ।

अज्ञानं चाभिजातस्य पार्थ सम्पदमासुरीम् ॥ १६-४॥

अर्जुन (पार्थ) आसुरी स्वभाव के कारण ही नवजात शिशु में पाखंड, सर्प दंभ, अहंकार, कठोरता और ज्ञान की कमी उत्पन्न होती है।

दैवी सम्पद्विमोक्षाय निबन्धायासुरी मता ।

मा शुचः सम्पदं दैवीमभिजातोऽसि पाण्डव ॥ १६-५॥

दैवीय स्वभाव को मुक्ति का कारण माना जाता है और आसुरी स्वभाव को बंधन का कारण माना जाता है। अर्जुन (पांडव), चिंता मत करो, तुम्हारा जन्म दैवीय स्वभाव का है।

द्वौ भूतसर्गौ लोकेऽस्मिन्दैव आसुर एव च ।

दैवो विस्तरशः प्रोक्त आसुरं पार्थ मे शृणु ॥ १६-६॥

इस भौतिक संसार में दैवीय और आसुरी स्वभाव दो ही प्रकार के जीव हैं। दैवीय स्वभाव का तो बहुत वर्णन हो चुका है, अब आसुरी स्वभाव के विषय में भी मुझसे सुनो; अर्जुन (पार्थ)।

प्रवृत्तिं च निवृत्तिं च जना न विदुरासुराः ।
न शौचं नापि चाचारो न सत्यं तेषु विद्यते ॥ १६-७॥

पवित्रता, नैतिकता, सत्यता न होने के कारण, आसुरी स्वभाव के व्यक्ति अपनी बंधन अवस्था में मुक्ति को नहीं समझ सकते।

असत्यमप्रतिष्ठं ते जगदाहुरनीश्वरम् ।
अपरस्परसम्भूतं किमन्यत्कामहैतुकम् ॥ १६-८॥

वे असत्य पर भरोसा करते हैं, संसार को बिना रचयिता और सर्वोच्च नियंता के कहते हैं, बिना कारण के आंदोलन करते हैं, केवल वासना के लिए व्यस्त रहते हैं, इससे अधिक कुछ नहीं।

एतां दृष्टिमवष्टभ्य नष्टात्मानोऽल्पबुद्धयः ।
प्रभवन्त्युग्रकर्माणः क्षयाय जगतोऽहिताः ॥ १६-९॥

इस दृष्टिकोण को स्वीकार करते हुए, आसुरी प्रकृति के लोग, आत्मा (आंतरिक स्व/ ईश्वर) के साथ अपना संबंध नष्ट कर चुके होते हैं, बुद्धिहीनहोते हैं, अनैतिक गतिविधियों में लिप्त होकर, ब्रह्मांड को नुकसान पहुंचाते हुए नष्ट हो जाते हैं।

काममाश्रित्य दुष्पूरं दम्भमानमदान्विताः ।
मोहाद्गृहीत्वासद्ग्राहान्प्रवर्तन्तेऽशुचिव्रताः ॥ १६-१०॥

अतृप्त वासना पर निर्भर होकर, वे छल, अहंकार और भ्रम के कारण प्रतिबद्धता के साथ अवांछनीय और अनैतिक कार्यों में संलग्न होने का प्रयास करते हैं।

चिन्तामपरिमेयां च प्रलयान्तामुपाश्रिताः ।
कामोपभोगपरमा एतावदिति निश्चिताः ॥ १६-११॥

असीमित भय और चिंताओं से अभिभूत होकर वे इंद्रियों की संतुष्टि को ही जीवन का सर्वोच्च लक्ष्य मानते हैं।

आशापाशशतैर्बद्धाः कामक्रोधपरायणाः ।
ईहन्ते कामभोगार्थमन्यायेनार्थसञ्चयान् ॥ १६-१२॥

सैकड़ों आसक्तियों से बंधे हुए, वे वासना और क्रोध में संलग्न रहते हैं, एवं वासना, धन और अन्य संपत्ति से अवैध रूप से संतुष्टि के लिए प्रयास करते हैं।

इदमद्य मया लब्धमिमं प्राप्स्ये मनोरथम् ।
इदमस्तीदमपि मे भविष्यति पुनर्धनम् ॥ १६-१३॥

यह मेरे द्वारा अर्जित किया गया है, मैं इसे अपनी इच्छानुसार प्राप्त करूंगा, यह मेरा धन है और भविष्य में मैं और अधिक धन अर्जित करूंगा।

असौ मया हतः शत्रुर्हनिष्ये चापरानपि ।

ईश्वरोऽहमहं भोगी सिद्धोऽहं बलवान्सुखी ॥ १६-१४॥

मैंने अपने शत्रु को नष्ट कर दिया है, मैं आगे भी अन्य शत्रुओं को नष्ट करूंगा, मैं सर्वोच्च हूं, मैं भोक्ता हूं, मैं परिपूर्ण हूं, मैं शक्तिशाली और प्रसन्न हूं।

आढ्योऽभिजनवानस्मि कोऽन्योऽस्ति सदृशो मया ।

यक्ष्ये दास्यामि मोदिष्य इत्यज्ञानविमोहिताः ॥ १६-१५॥

मैं समृद्ध (अमीर) हूं, मैं कुलीन हूं, मेरे जैसा और कौन है? योगदान करूँगा (चंदा दूँगा), दास बना लूँगा, उपभोग करूंगा। अज्ञान के ऐसे ज्ञान से वे भ्रमित हो जाते हैं।

अनेकचित्तविभ्रान्ता मोहजालसमावृताः ।

प्रसक्ताः कामभोगेषु पतन्ति नरकेऽशुचौ ॥ १६-१६॥

वे असंख्य भय और चिंताओं से व्यथित, भ्रम और गलत कार्यों से घिरे हुए, इंद्रियों की संतुष्टि में आसक्त होकर, अनैतिकता और नरक में गिरते हैं।

आत्मसम्भाविताः स्तब्धा धनमानमदान्विताः ।

यजन्ते नामयज्ञैस्ते दम्भेनाविधिपूर्वकम् ॥ १६-१७॥

आत्म-अभिमानी, निर्भीक, धन, शक्ति, अहंकार से मोहित, वे नाम मात्र के लिए, धोखे से, प्रक्रिया की परवाह किए बिना अहंकार से यज्ञ करते हैं।

अहङ्कारं बलं दर्पं कामं क्रोधं च संश्रिताः ।

मामात्मपरदेहेषु प्रद्विषन्तोऽभ्यसूयकाः ॥ १६-१८॥

अभिमान, शक्ति, क्रोध, घमंड, वासना और क्रोध से युक्त, वे हमेशा मुझसे (परमात्मा) ईर्ष्या करते हैं, सभी जीवित शरीरों में स्थित आत्मा (अंतरात्मा/आंतरिक ऊर्जा/परमात्मा) के प्रतिद्वंद्वी हैं।

तानहं द्विषतः क्रूरान्संसारेषु नराधमान् ।

क्षिपाम्यजस्रमशुभानासुरीष्वेव योनिषु ॥ १६-१९॥

संसार के उन ईर्ष्यालु, क्रूर, दुष्ट मनुष्यों को मैं वास्तव में सांसारिक चक्र (जन्म और मृत्यु के) में आसुरी योनि में फेंक देता हूं।

आसुरीं योनिमापन्ना मूढा जन्मनि जन्मनि ।

मामप्राप्यैव कौन्तेय ततो यान्त्यधमां गतिम् ॥ १६-२०॥

अर्जुन (कौन्तेय),जन्म-जन्मान्तर में आसुरी योनि में प्रवेश कर ये मूर्ख और भी अधिक दयनीय दुर्दशा को प्राप्त होते हैं और मुझे प्राप्त करने में असमर्थ होते हैं।

त्रिविधं नरकस्येदं द्वारं नाशनमात्मनः ।

कामः क्रोधस्तथा लोभस्तस्मादेतत्त्रयं त्यजेत् ॥ १६-२१॥

स्वयं को नष्ट करने के लिए नरक के तीन द्वार काम, क्रोध और लोभ हैं, इसलिए इन तीनों को त्याग देना चाहिए।

एतैर्विमुक्तः कौन्तेय तमोद्वारैस्त्रिभिर्नरः ।
आचरत्यात्मनः श्रेयस्ततो याति परां गतिम् ॥ १६-२२॥

अर्जुन (कौन्तेय), तमोगुण के इन तीन द्वारों से छुटकारा पाने के लिए व्यक्ति को आत्मशुद्धि के लिए तपस्या करनी होगी, जिससे मुक्ति प्राप्त हो सके।

यः शास्त्रविधिमुत्सृज्य वर्तते कामकारतः ।
न स सिद्धिमवाप्नोति न सुखं न परां गतिम् ॥ १६-२३॥

वेद शास्त्र के विरुद्ध कर्म करने वाले को न कभी लक्ष्य प्राप्त होता है, न सुख, न मुक्ति।

तस्माच्छास्त्रं प्रमाणं ते कार्याकार्यव्यवस्थितौ ।
ज्ञात्वा शास्त्रविधानोक्तं कर्म कर्तुमिहार्हसि ॥ १६-२४॥

वैदिक शास्त्र, किये जाने योग्य और न किये जाने योग्य कार्यों का निर्धारण करता है; वैदिक शास्त्र को जानकर कर्तव्य समझकर अपना कार्य करो।

17

श्रद्‍धा योग

अर्जुन उवाच ।

ये शास्त्रविधिमुत्सृज्य यजन्ते श्रद्धयान्विताः ।

तेषां निष्ठा तु का कृष्ण सत्त्वमाहो रजस्तमः ॥ १७-१॥

अर्जुन बोलेः

कृष्ण; उन लोगों का क्या होता है जो भक्ति और विश्वास के साथ वैदिक शास्त्रों के अनुसार कर्म करते हैं परन्तु उनका भाव सतोगुण, रजोगुण या तमोगुण का होता है?

श्रीभगवानुवाच ।

त्रिविधा भवति श्रद्धा देहिनां सा स्वभावजा ।

सात्त्विकी राजसी चैव तामसी चेति तां शृणु ॥ १७-२॥

श्री भगवान (कृष्ण) बोलेः

श्रद्धा तीन तरीकों से आती है, मूर्त से (अवतीर्ण), पिछले जीवन से और भावों की अवस्था - सतोगुण, रजोगुण और तमोगुण से। अब इसे सुनो ।

सत्वानुरूपा सर्वस्य श्रद्धा भवति भारत ।

श्रद्धामयोऽयं पुरुषो यो यच्छ्रद्धः स एव सः ॥ १७-३॥

प्रत्येक में सत्यता के अनुसार ही श्रद्धा आती है; किसी की आस्था (श्रद्धा) चाहे जो भी हो, जीवित व्यक्ति की पहचान मूर्त श्रद्धा (आतंरिक) से होती है।

यजन्ते सात्त्विका देवान्यक्षरक्षांसि राजसाः ।

प्रेतान्भूतगणांश्चान्ये यजन्ते तामसा जनाः ॥ १७-४॥

सतोगुण भाव वाले लोग देवताओं की पूजा करते हैं, रजोगुण भाव वाले यक्ष और राक्षसों की पूजा करते हैं, जो लोग तमोगुण भाव वाले होते हैं वे आत्माओं और भूतों की पूजा करते हैं।

अशास्त्रविहितं घोरं तप्यन्ते ये तपो जनाः ।

दम्भाहङ्कारसंयुक्ताः कामरागबलान्विताः ॥ १७-५॥

कर्षयन्तः शरीरस्थं भूतग्राममचेतसः ।
मां चैवान्तःशरीरस्थं तान्विद्ध्यासुरनिश्चयान् ॥ १७-६॥

जो व्यक्ति अहंकार, वासना, प्रेम इच्छा, शक्ति के कारणवश वैदिक शास्त्र विरुद्ध घृणित आचरण, शरीर के अंदर रहने वाली प्रबल चेतना को उपेक्षित कर, समाज में अत्याचार करने वाले कपटपूर्ण कार्यों में संलग्न होते हैं, उन्हें पुष्टिकृत असुर माना जाता है।

आहारस्त्वपि सर्वस्य त्रिविधो भवति प्रियः ।
यज्ञस्तपस्तथा दानं तेषां भेदमिमं शृणु ॥ १७-७॥

लोगों को तीन तरह के भोजन पसंद होते हैं, उसी तरह यज्ञ, तप और दान। अब इनके बीच का अंतर सुनिए ।

आयुःसत्त्वबलारोग्यसुखप्रीतिविवर्धनाः ।
रस्याः स्निग्धाः स्थिरा हृद्या आहाराः सात्त्विकप्रियाः ॥ १७-८॥

सतोगुणी भाव में जीवन, ओज, बल, स्वास्थ्य, सुख और पवित्र ज्ञान को बढ़ाने वाले, रसदार, मुलायम, पुष्टिकारक, हृदय को प्रसन्न करने वाले भोजन प्रिय होते हैं।

कट्वम्ललवणात्युष्णतीक्ष्णरूक्षविदाहिनः ।
आहारा राजसस्येष्टा दुःखशोकामयप्रदाः ॥ १७-९॥

रजोगुण भाव में कड़वे, अम्लीय, नमकीन, अति गर्म, उग्र, रूखे, जलन पैदा करने वाले भोजन प्रिय होते हैं, जो क्षोभ, दुःख और रोग उत्पन्न करते हैं।

यातयामं गतरसं पूति पर्युषितं च यत् ।
उच्छिष्टमपि चामेध्यं भोजनं तामसप्रियम् ॥ १७-१०॥

तमोगुणी भाव में गरिष्ठ, कठोर, दुर्गंधयुक्त, बासी, अशुद्ध तथा बचा हुआ भोजन अच्छा लगता है।

अफलाकाङ्क्षिभिर्यज्ञो विधिदृष्टो य इज्यते ।
यष्टव्यमेवेति मनः समाधाय स सात्त्विकः ॥ १७-११॥

फल की इच्छा किए बिना, अपना कर्तव्य समझकर, मन के दृढ़ विश्वास के साथ, वैदिक विधि के अनुसार किया गया यज्ञ सतोगुण भाव वाला होता है।

अभिसन्धाय तु फलं दम्भार्थमपि चैव यत् ।
इज्यते भरतश्रेष्ठ तं यज्ञं विद्धि राजसम् ॥ १७-१२॥

जानबूझ कर इच्छित परिणाम एवं धन लाभ के लिए, कपटपूर्वक किया गया यज्ञ, रजोगुण भाव वाला होता है।

विधिहीनमसृष्टान्नं मन्त्रहीनमदक्षिणम् ।
श्रद्धाविरहितं यज्ञं तामसं परिचक्षते ॥ १७-१३॥

वैदिक शास्त्र के विपरीत, अन्न के बिना, वैदिक मंत्रों का पाठ किए बिना, गुरु के प्रति बिना किसी कृतज्ञता के, बिना किसी विश्वास के, यज्ञ करना तमोगुण भाव का होता है।

देवद्विजगुरुप्राज्ञपूजनं शौचमार्जवम् ।

ब्रह्मचर्यमहिंसा च शारीरं तप उच्यते ॥ १७-१४॥

देवता, ज्ञानी (द्विज), गुरु (शिक्षक), बुद्धि (सरस्वती), पवित्रता, सादगी, ब्रह्मचर्य और अहिंसा की पूजा करना शरीर की तपस्या कहा गया है।

अनुद्वेगकरं वाक्यं सत्यं प्रियहितं च यत् ।

स्वाध्यायाभ्यसनं चैव वाङ्मयं तप उच्यते ॥ १७-१५॥

अपमान न करने वाली, सत्य, दूसरों को प्रसन्न करने और लाभ पहुंचाने वाली तथा वैदिक शास्त्रों से नियमित रूप से अभ्यास करने वाली बोली, वाणी का तप कहा जाता है।

मनः प्रसादः सौम्यत्वं मौनमात्मविनिग्रहः ।

भावसंशुद्धिरित्येतत्तपो मानसमुच्यते ॥ १७-१६॥

शान्त, मृदु, संयमित, नियंत्रित, शुद्ध, ये सभी विचार मन की तपस्या कहलाते हैं।

श्रद्धया परया तप्तं तपस्तत्त्रिविधं नरैः ।

अफलाकाङ्क्षिभिर्युक्तैः सात्त्विकं परिचक्षते ॥ १७-१७॥

जब इन तीन तपस्याओं का अभ्यास विश्वास के साथ, परिणाम की इच्छा के बिना किया जाता है, तो व्यक्ति सतोगुण भाव का पात्र होता है।

सत्कारमानपूजार्थं तपो दम्भेन चैव यत् ।

क्रियते तदिह प्रोक्तं राजसं चलमध्रुवम् ॥ १७-१८॥

छलपूर्वक मान, सम्मान, पुरस्कार पाने के लिए की जाने वाली तपस्या अस्थिर और कमजोर होती है और रजोगुण भाव वाली कही जाती है।

मूढग्राहेणात्मनो यत्पीडया क्रियते तपः ।

परस्योत्सादनार्थं वा तत्तामसमुदाहृतम् ॥ १७-१९॥

मूर्खों की तरह मन की इच्छा से की गई, स्वयं को पीड़ा पहुंचाने वाली और दूसरों को नुकसान पहुंचाने वाली तपस्या, तमोगुण भाव वाली कही गई है।

दातव्यमिति यद्दानं दीयतेऽनुपकारिणे ।

देशे काले च पात्रे च तद्दानं सात्त्विकं स्मृतम् ॥ १७-२०॥

बदले में कुछ भी सोचे बिना, पवित्र स्थान, उचित समय और योग्य व्यक्ति को दिया गया दान सतोगुण भाव का माना जाता है।

यत्तु प्रत्युपकारार्थं फलमुद्दिश्य वा पुनः ।

दीयते च परिक्लिष्टं तद्दानं राजसं स्मृतम् ॥ १७-२१॥

कुछ प्रतिफल की इच्छा से, इच्छित फल की इच्छा से, अनिच्छा से दिया गया दान रजोगुण भाव का होता है।

अदेशकाले यद्दानमपात्रेभ्यश्च दीयते ।

असत्कृतमवज्ञातं तत्तामसमुदाहृतम् ॥ १७-२२॥

अनुचित स्थान, अनुचित समय पर, अनादरपूर्वक, अनाचार पूर्वक किसी अयोग्य व्यक्ति को दिया गया दान तमोगुण भाव का बताया गया है।

ॐतत्सदिति निर्देशो ब्रह्मणस्त्रिविधः स्मृतः ।

ब्राह्मणास्तेन वेदाश्च यज्ञाश्च विहिताः पुरा ॥ १७-२३॥

वेद निर्देशित त्रिविध चित्रण, ॐ-तत्-सत्, अव्यक्त (परमेश्वर) और पूर्ण सत्य को जानें। पुराने समय में ब्राह्मणों को वैदिक शास्त्रों और यज्ञ प्रक्रिया के संबंध में नियुक्त किया जाता था।

तस्मादोमित्युदाहृत्य यज्ञदानतपःक्रियाः ।

प्रवर्तन्ते विधानोक्ताः सततं ब्रह्मवादिनाम् ॥ १७-२४॥

इसलिए, वेदांत के अनुयायियों द्वारा यज्ञ, दान, तपस्या, पुण्य कार्य से पहले ओम (सर्वोच्च प्रवर्तक) का उच्चारण हमेशा वैदिक शास्त्र के अनुसार किया जाता है।

तदित्यनभिसन्धाय फलं यज्ञतपःक्रियाः ।

दानक्रियाश्च विविधाः क्रियन्ते मोक्षकाङ्क्षिभिः ॥ १७-२५॥

तत् (सर्वोच्च आनंद) मुक्ति (मोक्ष) की प्राप्ति के लिए फल की इच्छा के बिना यज्ञ, तपस्या, दान और पुण्य कार्य करने का प्रतीक है।

सद्भावे साधुभावे च सदित्येतत्प्रयुज्यते ।

प्रशस्ते कर्मणि तथा सच्छब्दः पार्थ युज्यते ॥ १७-२६॥

सत (सर्वोच्च सत्य) सत्य के दृष्टिकोण, पवित्रता के दृष्टिकोण और प्रकाश के दृष्टिकोण को लागू करने को दर्शाता है। अर्जुन (पार्थ), समस्त शुभ कार्यों के उच्चारण में सत् ध्वनि का प्रयोग किया जाता है।

यज्ञे तपसि दाने च स्थितिः सदिति चोच्यते ।

कर्म चैव तदर्थीयं सदित्येवाभिधीयते ॥ १७-२७॥

ऐसा कहा जाता है कि यज्ञ, तप, दान, कर्तव्यपरायण कर्म के दौरान सत् की स्थापना की जाती है। ऐसा कहा जाता है कि तत् की प्राप्ति के लिए सत् के साथ ओम (परम) को संतुष्ट करने के लिए सत्कर्म का अभ्यास किया जाता है।

अश्रद्धया हुतं दत्तं तपस्तप्तं कृतं च यत् ।

असदित्युच्यते पार्थ न च तत्प्रेत्य नो इह ॥ १७-२८॥

अर्जुन (पार्थ); बिना श्रद्धा के किये गये यज्ञ, दान, तप तथा कर्म व्यर्थ कहे गये हैं; इस संसार में अस्तित्वहीन और अगले में अस्तित्वहीन।

18

मोक्ष योग

अर्जुन उवाच ।

संन्यासस्य महाबाहो तत्त्वमिच्छामि वेदितुम् ।

त्यागस्य च हृषीकेश पृथक्केशिनिषूदन ॥ १८-१॥

अर्जुन ने कहा:

कृष्ण (महाबाहो), मेरी यह समझने की इच्छा है कि सन्यास, कर्म के परिणाम से किस प्रकार भिन्न है, कृष्ण।

श्रीभगवानुवाच ।

काम्यानां कर्मणां न्यासं संन्यासं कवयो विदुः ।

सर्वकर्मफलत्यागं प्राहुस्त्यागं विचक्षणाः ॥ १८-२॥

श्री भगवान ने कहा:

विद्वान जानते हैं कि इच्छाओं की संतुष्टि के लिए किए जाने वाले कर्मों का त्याग ही संन्यास है और ज्ञानियों का कहना है कि कर्म के फल के प्रति आसक्ति का त्याग करना ही संन्यास है।

त्याज्यं दोषवदित्येके कर्म प्राहुर्मनीषिणः ।

यज्ञदानतपःकर्म न त्याज्यमिति चापरे ॥ १८-३॥

कुछ बुद्धिमान लोग कामना उत्पन्न करने वाले कर्मों का त्याग करने को कहते हैं तथा अन्य लोग यज्ञ, दान तथा तप आदि कर्मों का त्याग न करने को कहते हैं।

निश्चयं शृणु मे तत्र त्यागे भरतसत्तम ।

त्यागो हि पुरुषव्याघ्र त्रिविधः सम्प्रकीर्तितः ॥ १८-४॥

अर्जुन (भरतसत्तम), त्याग का निश्चित अर्थ मुझसे सुनो। वस्तुतः त्याग का वर्णन तीन प्रकार से किया गया है, अर्जुन (पुरुषव्याघ्र)।

यज्ञदानतपःकर्म न त्याज्यं कार्यमेव तत् ।

यज्ञो दानं तपश्चैव पावनानि मनीषिणाम् ॥ १८-५॥

"

यज्ञ, दान और तप आदि कर्मों का कभी त्याग नहीं करना चाहिए, इन्हें अवश्य करना चाहिए। यज्ञ, दान और तप से बुद्धिमान लोग पवित्र होते हैं।

एतान्यपि तु कर्माणि सङ्गं त्यक्त्वा फलानि च ।

कर्तव्यानीति मे पार्थ निश्चितं मतमुत्तमम् ॥ १८-६॥

इसके अतिरिक्त, इन गतिविधियों को एक कर्तव्य के रूप में, इसके परिणाम को त्यागकर किया जाना चाहिए; अर्जुन (पार्थ)। यह मेरी निश्चित एवं सर्वोत्तम धारणा है।

नियतस्य तु संन्यासः कर्मणो नोपपद्यते ।

मोहात्तस्य परित्यागस्तामसः परिकीर्तितः ॥ १८-७॥

निर्धारित गतिविधियों (कर्मों) के त्याग का सुझाव नहीं दिया जाता है; आत्म-प्रवंचना के कारण उनका त्याग करना तमोगुण भाव दर्शाता है।

दुःखमित्येव यत्कर्म कायक्लेशभयात्त्यजेत् ।

स कृत्वा राजसं त्यागं नैव त्यागफलं लभेत् ॥ १८-८॥

शरीर को कष्ट होने के भय से निर्धारित कर्मों का त्याग रजोगुण भाव वाला बताया गया है; निश्चय ही ऐसे त्याग का फल कभी भी मनुष्य को प्राप्त नहीं होता।

कार्यमित्येव यत्कर्म नियतं क्रियतेऽर्जुन ।

सङ्गं त्यक्त्वा फलं चैव स त्यागः सात्त्विको मतः ॥ १८-९॥

अर्जुन; मेरे विश्वास में, परिणाम की इच्छा को छोड़कर, नियमित कार्य के रूप में किए गए निर्धारित कार्यों को सतोगुण भाव वाले लोगों के त्याग के रूप में वर्णित किया गया है।

न द्वेष्ट्यकुशलं कर्म कुशले नानुषज्जते ।

त्यागी सत्त्वसमाविष्टो मेधावी छिन्नसंशयः ॥ १८-१०॥

सत्य को आत्मसात करने वाला बुद्धिमान त्यागी, सभी संदेहों से मुक्त होकर, न तो अयोग्य कार्यों का तिरस्कार करता है और न ही निपुण में आसक्त होता है।

न हि देहभृता शक्यं त्यक्तुं कर्माण्यशेषतः ।

यस्तु कर्मफलत्यागी स त्यागीत्यभिधीयते ॥ १८-११॥

कोई जीव कभी भी कर्म करना पूरी तरह से नहीं छोड़ सकता, तथापि जो कर्म फल को त्याग कर कर्म करता है, उसे त्यागी कहा जाता है।

अनिष्टमिष्टं मिश्रं च त्रिविधं कर्मणः फलम् ।

भवत्यत्यागिनां प्रेत्य न तु संन्यासिनां क्वचित् ॥ १८-१२॥

तीन प्रकार के कर्मों का, मृत्यु के बाद परिणाम नरक, स्वर्ग या उनके मध्य कर्मफल की इच्छानुसार मिलता है, परन्तु संन्यासी के लिए नहीं।

पञ्चैतानि महाबाहो कारणानि निबोध मे ।

साङ्ख्ये कृतान्ते प्रोक्तानि सिद्धये सर्वकर्मणाम् ॥ १८-१३॥

अर्जुन (महाबाहो), मुझसे सीखो। वैदिक शास्त्रों में लक्ष्य प्राप्ति के लिए सभी कार्यों को करने के लिए पाँच कारणों का वर्णन किया गया है।

अधिष्ठानं तथा कर्ता करणं च पृथग्विधम् ।

विविधाश्च पृथक्चेष्टा दैवं चैवात्र पञ्चमम् ॥ १८-१४॥

शरीर, स्वयं (कार्यकलापों का कर्ता), विशिष्टरूप से इंद्रियाँ, व्यक्तिगत इच्छाएँ और पाँचवाँ देवता।

शरीरवाङ्मनोभिर्यत्कर्म प्रारभते नरः ।

न्याय्यं वा विपरीतं वा पञ्चैते तस्य हेतवः ॥ १८-१५॥

मनुष्य शरीर, वाणी और मन से उचित या अनुचित जो भी कार्य करता है, वह इन पांच कारणों/इंद्रियों (आंख, मुंह, नाक, कान, त्वचा) के लिए होता है।

तत्रैवं सति कर्तारमात्मानं केवलं तु यः ।

पश्यत्यकृतबुद्धित्वान्न स पश्यति दुर्मतिः ॥ १८-१६॥

फिर ऐसी स्थिति होने पर जो अन्तःकरण को देखकर कर्म करता है, वही वास्तविक कर्ता है। अज्ञानी कर्ता बुद्धि से रहित होने के कारण कुछ भी नहीं देखता है।

यस्य नाहङ्कृतो भावो बुद्धिर्यस्य न लिप्यते ।

हत्वापि स इमाँल्लोकान्न हन्ति न निबध्यते ॥ १८-१७॥

मैं कर्ता नहीं हूं (बल्कि ईश्वर है), ऐसी धारणा के साथ मनुष्य बुद्धि का प्रयोग किए बिना कर्म (ब्रह्मांड के कल्याण के लिए ईश्वर द्वारा किया जाने वाला पुण्य कर्म) करता है; ऐसा व्यक्ति संपूर्ण जगत को मारकर भी वास्तव में किसी को नहीं मारता और अंतर्द्वंद्व में नहीं फंसता।

ज्ञानं ज्ञेयं परिज्ञाता त्रिविधा कर्मचोदना ।

करणं कर्म कर्तेति त्रिविधः कर्मसङ्ग्रहः ॥ १८-१८॥

ज्ञान, ज्ञान का उद्देश्य, ज्ञान का ज्ञाता, ये तीन कर्म को संचालित करते हैं। कारण, तदनुरूप कार्य और कर्ता, ये तीनों मिलकर क्रिया को संचालित करते हैं।

ज्ञानं कर्म च कर्ता च त्रिधैव गुणभेदतः ।

प्रोच्यते गुणसङ्ख्याने यथावच्छृणु तान्यपि ॥ १८-१९॥

ज्ञान, कर्म और कर्ता भाव के अनुसार भिन्न होते हैं और वैदिक ग्रंथों में वर्णित हैं; उन्हें क्रम से सुनें।

सर्वभूतेषु येनैकं भावमव्ययमीक्षते ।

अविभक्तं विभक्तेषु तज्ज्ञानं विद्धि सात्त्विकम् ॥ १८-२०॥

समझो, जिस ज्ञान से मनुष्य सदैव सभी जीवों को बिना किसी भेद के देखता है, वह सतोगुण भाव वाला है।

पृथक्त्वेन तु यज्ज्ञानं नानाभावान्पृथग्विधान् ।

वेत्ति सर्वेषु भूतेषु तज्ज्ञानं विद्धि राजसम् ॥ १८-२१॥

परंतु जिस ज्ञान से कोई जीवों में अंतर करता है, अलग-अलग जीवों के प्रति अलग-अलग व्यवहार करता है, वह ज्ञान रजोगुण भाव वाला होता है।

यत्तु कृत्स्नवदेकस्मिन्कार्ये सक्तमहैतुकम् ।
अतत्त्वार्थवदल्पं च तत्तामसमुदाहृतम् ॥ १८-२२॥

जिसके द्वारा कोई व्यक्ति असैद्धांतिक और अतार्किक उद्देश्य के लिए खंडित हानिकारक कार्यों में संलग्न होता है, उसे तमोगुण भाव के रूप में वर्णित किया गया है।

नियतं सङ्गरहितमरागद्वेषतः कृतम् ।
अफलप्रेप्सुना कर्म यत्तत्सात्त्विकमुच्यते ॥ १८-२३॥

आसक्ति रहित, राग-द्वेष (पसंद-नापसंद) से परे, फल की इच्छा से रहित, कर्तव्य समझकर किया गया कर्म सतोगुण भाव वाला होता है।

यत्तु कामेप्सुना कर्म साहङ्कारेण वा पुनः ।
क्रियते बहुलायासं तद्राजसमुदाहृतम् ॥ १८-२४॥

अभिलाषाओं की पूर्ति के लिए, अहंकार से, अधिक अधिकार प्राप्त करने के लिए किया जाने वाला कर्म रजोगुण भाव वाला होता है।

अनुबन्धं क्षयं हिंसामनपेक्ष्य च पौरुषम् ।
मोहादारभ्यते कर्म यत्तत्तामसमुच्यते ॥ १८-२५॥

संबंध खोकर, हिंसक ढंग से, बिना सोचे-समझे, क्षमता की अनिश्चितता के साथ, भ्रम से शुरू कर किया गया ऐसा कार्य तमोगुण भाव का होता है।

मुक्तसङ्गोऽनहंवादी धृत्युत्साहसमन्वितः ।
सिद्ध्यसिद्ध्योर्निर्विकारः कर्ता सात्त्विक उच्यते ॥ १८-२६॥

आसक्ति से मुक्त, मिथ्या अहंकार से रहित, दृढ़, उत्साह से परिपूर्ण, सफलता और विफलता से अप्रभावित, ऐसा कर्म करने वाला सतोगुण भाव का होता है।

रागी कर्मफलप्रेप्सुर्लुब्धो हिंसात्मकोऽशुचिः ।
हर्षशोकान्वितः कर्ता राजसः परिकीर्तितः ॥ १८-२७॥

फल की इच्छा, लोभ, हिंसा, काम से युक्त, हर्ष और शोक के वशीभूत कर्म करने वाला रजोगुण भाव का होता है।

अयुक्तः प्राकृतः स्तब्धः शठो नैष्कृतिकोऽलसः ।
विषादी दीर्घसूत्री च कर्ता तामस उच्यते ॥ १८-२८॥

अनुचित, पतित, मूर्खता, धूर्तता, दबंगई, आलस्य, विवाद तथा अनिर्णय के वशीभूत कर्म करने वाला तमोगुणी भाव का कहा गया है।

बुद्धेर्भेदं धृतेश्चैव गुणतस्त्रिविधं शृणु ।
प्रोच्यमानमशेषेण पृथक्त्वेन धनञ्जय ॥ १८-२९॥

अब सुनो, तीन भावों में बुद्धि का जो भेद है, उसका मैं विस्तृत और स्पष्ट वर्णन करूंगा, अर्जुन (धनंजय)।

प्रवृत्तिं च निवृत्तिं च कार्याकार्ये भयाभये ।

बन्धं मोक्षं च या वेत्ति बुद्धिः सा पार्थ सात्त्विकी ॥ १८-३०॥

अर्जुन (पार्थ); आसक्ति और अनासक्ति, कर्म और अकर्म, भय और अभय, तथा जन्म और मृत्यु चक्र (मोक्ष) के बंधन से मुक्ति का ज्ञान सतोगुण भाव की बुद्धि है।

यया धर्ममधर्मं च कार्यं चाकार्यमेव च ।

अयथावत्प्रजानाति बुद्धिः सा पार्थ राजसी ॥ १८-३१॥

अपूर्ण रूप से धर्म और अधर्म तथा कर्म और अकर्म को समझना रजोगुणी बुद्धि है।

अधर्मं धर्ममिति या मन्यते तमसावृता ।

सर्वार्थान्विपरीतांश्च बुद्धिः सा पार्थ तामसी ॥ १८-३२॥

धर्म को अधर्म समझना, अनीति से आच्छादित होना, वास्तविकता से विपरीत सब कुछ तमोगुण भाव वाली बुद्धि है; अर्जुन (पार्थ)।

धृत्या यया धारयते मनःप्राणेन्द्रियक्रियाः ।

योगेनाव्यभिचारिण्या धृतिः सा पार्थ सात्त्विकी ॥ १८-३३॥

मन, प्राण (ध्यान के माध्यम से), और इंद्रियों को अविचल भक्ति के साथ धारण करने वाला दृढ़ संकल्प सतोगुण भाव का दृढ़ संकल्प है; अर्जुन (पार्थ)।

यया तु धर्मकामार्थान्धृत्या धारयतेऽर्जुन ।

प्रसङ्गेन फलाकाङ्क्षी धृतिः सा पार्थ राजसी ॥ १८-३४॥

हे अर्जुन, कामुक इच्छाओं और धन की इच्छा के साथ फल की इच्छा से युक्त धर्म का पालन करने वाला दृढ़ संकल्प, रजोगुण भाव का दृढ़ संकल्प है।

यया स्वप्नं भयं शोकं विषादं मदमेव च ।

न विमुञ्चति दुर्मेधा धृतिः सा पार्थ तामसी ॥ १८-३५॥

स्वप्न, भय, शोक, अवसाद, अहंकार को कायम रखने वाला और अज्ञान (मूर्खता) को दूर करने में असमर्थ निश्चय तमोगुण भाव का है; अर्जुन (पार्थ)।

सुखं त्विदानीं त्रिविधं शृणु मे भरतर्षभ ।

अभ्यासाद्रमते यत्र दुःखान्तं च निगच्छति ॥ १८-३६॥

अब हे अर्जुन (भरतर्षभ) मुझसे तीन प्रकार के सुख सुनो; जिसके अभ्यास से आनंद की प्राप्ति होती है और कष्ट समाप्त हो जाते हैं।

यत्तदग्रे विषमिव परिणामेऽमृतोपमम् ।

तत्सुखं सात्त्विकं प्रोक्तमात्मबुद्धिप्रसादजम् ॥ १८-३७॥

प्रारंभ में विष के समान दिखने वाला और अंत में अमृत के समान स्थिति उत्पन्न करने वाला, बुद्धि की शांति से उत्पन्न होने वाला सुख, सतोगुणी कहा जाता है।

विषयेन्द्रियसंयोगाद्यत्तदग्रेऽमृतोपमम् ।

परिणामे विषमिव तत्सुखं राजसं स्मृतम् ॥ १८-३८॥

इन्द्रियों और इन्द्रिय विषयों के संयोग से उत्पन्न होने वाला सुख, जो प्रारंभ में अमृत के समान प्रतीत होता है और अंत में विष के समान स्थिति उत्पन्न कर देता है, वह रजोगुण

भाव वाला माना जाता है।

यदग्रे चानुबन्धे च सुखं मोहनमात्मनः ।

निद्रालस्यप्रमादोत्थं तत्तामसमुदाहृतम् ॥ १८-३९॥

प्रसुप्ति, आलस्य और नशे से उत्पन्न होने वाला सुख तमोगुणी, प्रारंभ में और अंत में भी स्वयं को धोखा देने वाला माना जाता है।

न तदस्ति पृथिव्यां वा दिवि देवेषु वा पुनः ।

सत्त्वं प्रकृतिजैर्मुक्तं यदेभिः स्यात्त्रिभिर्गुणैः ॥ १८-४०॥

पृथ्वी पर या आकाशीय पिंडों या ब्रह्मांडों में उपस्थित कोई भी जीव, भौतिक प्रकृति से उत्पन्न तीन भावों के प्रभाव से मुक्त नहीं है।

ब्राह्मणक्षत्रियविशां शूद्राणां च परन्तप ।

कर्माणि प्रविभक्तानि स्वभावप्रभवैर्गुणैः ॥ १८-४१॥

अर्जुन (परंतप); भावों के अनुसार कार्यों को ब्राह्मण, क्षत्रिय, वैश्य और शूद्र के स्वभाव के अनुसार स्पष्ट रूप से विभाजित किया गया है।

शमो दमस्तपः शौचं क्षान्तिरार्जवमेव च ।

ज्ञानं विज्ञानमास्तिक्यं ब्रह्मकर्म स्वभावजम् ॥ १८-४२॥

शांति, आत्म-नियंत्रण, तपस्या, पवित्रता, सहिष्णुता, ईमानदारी, ज्ञान, विज्ञान, विश्वास ब्राह्मण के स्वभाव की गतिविधियाँ हैं।

शौर्यं तेजो धृतिर्दाक्ष्यं युद्धे चाप्यपलायनम् ।

दानमीश्वरभावश्च क्षात्रं कर्म स्वभावजम् ॥ १८-४३॥

वीरता, निडरता, दृढ़ निश्चय, निपुणता, युद्ध में कायरता का कोई लक्षण न दिखाना, दान देना और शासन करना क्षत्रियों के स्वभाव के कार्य है।

कृषिगौरक्ष्यवाणिज्यं वैश्यकर्म स्वभावजम् ।

परिचर्यात्मकं कर्म शूद्रस्यापि स्वभावजम् ॥ १८-४४॥

कृषि, पशुपालन, वाणिज्य और व्यापार वैश्य प्रकृति की गतिविधियाँ हैं। दूसरों की सेवा से संबंधित गतिविधियाँ शूद्र स्वभाव की गतिविधियाँ हैं।

स्वे स्वे कर्मण्यभिरतः संसिद्धिं लभते नरः ।

स्वकर्मनिरतः सिद्धिं यथा विन्दति तच्छृणु ॥ १८-४५॥

लोग स्वयं गतिविधियाँ करने पर पूर्णता प्राप्त करते हैं। अब स्वयं की गतिविधियों की निरंतर पूर्णता के बारे में सुनें और जानें।

यतः प्रवृत्तिर्भूतानां येन सर्वमिदं ततम् ।

स्वकर्मणा तमभ्यर्च्य सिद्धिं विन्दति मानवः ॥ १८-४६॥

सभी जीवित शरीरों में वह (परमात्मा) विद्यमान है और यही सब कुछ है; इस प्रकार अपनी गतिविधियों को गंभीरता से करते हुए, एक व्यक्ति पूर्णता प्राप्त करता है।

श्रेयान्स्वधर्मो विगुणः परधर्मात्स्वनुष्ठितात् ।

स्वभावनियतं कर्म कुर्वन्नाप्नोति किल्बिषम् ॥ १८-४७॥

स्वयं का गैर-गरिमापूर्ण कर्तव्य दूसरे के गरिमामय कर्तव्य से श्रेष्ठ है। अपने स्वभाव के अनुसार कार्य करने से पाप कर्म नहीं होता।

सहजं कर्म कौन्तेय सदोषमपि न त्यजेत् ।
सर्वारम्भा हि दोषेण धूमेनाग्निरिवावृताः ॥ १८-४८॥

अर्जुन (कौन्तेय), किसी की प्रकृति के अनुसार गतिविधियों को अपूर्ण होने पर भी नहीं छोड़ा जाना चाहिए क्योंकि सभी प्रयास अपूर्णता से शुरू होते हैं, जैसे धुएं के साथ आग।

असक्तबुद्धिः सर्वत्र जितात्मा विगतस्पृहः ।
नैष्कर्म्यसिद्धिं परमां संन्यासेनाधिगच्छति ॥ १८-४९॥

सहज, मन को जीतकर, भौतिक इच्छाओं से दूर, सहज कर्म में निपुण होकर व्यक्ति वैराग्य प्राप्त करता है।

सिद्धिं प्राप्तो यथा ब्रह्म तथाप्नोति निबोध मे ।
समासेनैव कौन्तेय निष्ठा ज्ञानस्य या परा ॥ १८-५०॥

उपरोक्त वर्णन के अनुसार सच्ची पूर्णता प्राप्त करने के बाद, अब मुझसे सर्वोच्च (ईश्वर) के बारे में जानें कि कोई भक्ति और ज्ञान के संयोजन से सर्वोच्च (भगवान) को कैसे प्राप्त करता है।

बुद्ध्या विशुद्धया युक्तो धृत्यात्मानं नियम्य च ।
शब्दादीन्विषयांस्त्यक्त्वा रागद्वेषौ व्युदस्य च ॥ १८-५१॥

विविक्तसेवी लघ्वाशी यतवाक्कायमानसः ।
ध्यानयोगपरो नित्यं वैराग्यं समुपाश्रितः ॥ १८-५२॥

अहङ्कारं बलं दर्पं कामं क्रोधं परिग्रहम् ।
विमुच्य निर्ममः शान्तो ब्रह्मभूयाय कल्पते ॥ १८-५३॥

ज्ञान से संपन्न, शुद्ध, आत्मनिश्चयी, आत्मसंयमी, इंद्रियों की इच्छाओं और भौतिक सुखों का त्याग करने वाला, राग – द्वेष (पसंद और नापसंद) का त्याग करने वाला, एकांत में रहने वाला, खाने में संयमित, शरीर, वाणी और मन पर नियंत्रण रखने वाला, ध्यान और योग करने वाला, वैराग्य का आश्रय लेकर, अहंकार, शक्ति, गर्व, वासना, क्रोध और भौतिक संपत्ति का त्याग कर, आसक्ति का त्याग कर, ऐसा शांत व्यक्ति आत्म-साक्षात्कार प्राप्त करने के लिए योग्य है।

ब्रह्मभूतः प्रसन्नात्मा न शोचति न काङ्क्षति ।
समः सर्वेषु भूतेषु मद्भक्तिं लभते पराम् ॥ १८-५४॥

आत्म-ज्ञानी, आनंदित, न तो पीड़ित होता है और न ही उसकी कोई इच्छा होती है। सभी जीवों के प्रति समभाव रखते हुए वह मेरी दिव्य भक्ति को प्राप्त करता है।

भक्त्या मामभिजानाति यावान्यश्चास्मि तत्त्वतः ।

ततो मां तत्त्वतो ज्ञात्वा विशते तदनन्तरम् ॥ १८-५५॥

ऐसा भक्त मुझे वास्तव में, सर्वव्यापी, जैसा कि मैं हूं, जानने में सक्षम है। मेरी वास्तविकता को जानने के बाद, वह मुझमें प्रवेश करता है।

सर्वकर्माण्यपि सदा कुर्वाणो मद्व्यपाश्रयः ।

मत्प्रसादादवाप्नोति शाश्वतं पदमव्ययम् ॥ १८-५६॥

यद्यपि सभी लोग सदैव कर्म करते हैं, फिर भी जो मेरी शरण में आते हैं, वे मेरे आशीर्वाद से शाश्वत अविनाशी सुरक्षा प्राप्त करते हैं।

चेतसा सर्वकर्माणि मयि संन्यस्य मत्परः ।

बुद्धियोगमुपाश्रित्य मच्चित्तः सततं भव ॥ १८-५७॥

जागरूक लोग अपना सर्वोच्च लक्ष्य मानते हुए अपने सभी कर्मों को मुझे अर्पित करते हैं, उनका ज्ञान मेरे आश्रय के साथ मिलकर उन्हें सदैव मेरे प्रति सचेत रखता है।

मच्चित्तः सर्वदुर्गाणि मत्प्रसादात्तरिष्यसि ।

अथ चेत्त्वमहङ्कारान्न श्रोष्यसि विनङ्क्ष्यसि ॥ १८-५८॥

मेरे बारे में जागरूक होकर, तुम मेरे आशीर्वाद से अपनी सभी बाधाओं पर विजय पाओगे। यदि तुम अपने अहंकार के कारण इसे नहीं सुनेंगे तो तुम विनाश की ओर अग्रसर होगे।

यदहङ्कारमाश्रित्य न योत्स्य इति मन्यसे ।

मिथ्यैष व्यवसायस्ते प्रकृतिस्त्वां नियोक्ष्यति ॥ १८-५९॥

यदि तुम युद्ध के लिए सहमत न होकर अहंकार का आश्रय लोगे तो ऐसा कार्य व्यर्थ होगा क्योंकि तुम्हारा अपना स्वभाव ही तुम्हें (युद्ध के लिए) बाध्य करेगा।

स्वभावजेन कौन्तेय निबद्धः स्वेन कर्मणा ।

कर्तुं नेच्छसि यन्मोहात्करिष्यस्यवशोऽपि तत् ॥ १८-६०॥

अर्जुन (कौन्तेय), अपनी गतिविधियों (कर्तव्य) को करने की अपनी जन्मजात प्रकृति से बंधे हुए, तुम निस्संदेह इच्छा के बिना भी आसक्ति के कारण उन्हें निष्पादित करोगे।

ईश्वरः सर्वभूतानां हृद्देशेऽर्जुन तिष्ठति ।

भ्रामयन्सर्वभूतानि यन्त्रारूढानि मायया ॥ १८-६१॥

अर्जुन, ईश्वर (परमात्मा) सभीजीवों के हृदय में स्थित है और एक उपकरण के साथ मानचित्रण की तरह दिव्य माया की शक्ति के माध्यम से सभी जीवों की गतिविधियों का मानचित्र बनाता है।

तमेव शरणं गच्छ सर्वभावेन भारत ।

तत्प्रसादात्परां शान्तिं स्थानं प्राप्स्यसि शाश्वतम् ॥ १८-६२॥

अर्जुन (भारत), पूरी भक्ति के साथ उनकी (सर्वोच्च) सुरक्षा में जाओ। परमेश्वर (ईश्वर) के आशीर्वाद से तुम्हें शांति और शाश्वत स्थान प्राप्त होगा।

इति ते ज्ञानमाख्यातं गुह्याद्गुह्यतरं मया ।

विमृश्यैतदशेषेण यथेच्छसि तथा कुरु ॥ १८-६३॥

यह मेरे द्वारा वर्णित अत्यंत गुप्त गूढ़ (दिव्य) ज्ञान है; अर्जुन (कुरु), तुम्हारी इच्छानुसार इसका विस्तार से वर्णन किया गया है।

सर्वगुह्यतमं भूयः शृणु मे परमं वचः ।
इष्टोऽसि मे दृढमिति ततो वक्ष्यामि ते हितम् ॥ १८-६४॥

मेरे परम रहस्यमय, अत्यंत प्रिय दिव्य वचन फिर से सुनो। मैं तुम्हारे हित के लिए भली भांति इनका वर्णन कर रहा हूं।

मन्मना भव मद्भक्तो मद्याजी मां नमस्कुरु ।
मामेवैष्यसि सत्यं ते प्रतिजाने प्रियोऽसि मे ॥ १८-६५॥

बस मेरे बारे में सोचो, मेरे भक्त बनो, मेरी पूजा करो, मुझे प्रणाम करो; मेरी सत्यता जानो, मेरे प्रिय होने से तुम मेरे पास आओगे।

सर्वधर्मान्परित्यज्य मामेकं शरणं व्रज ।
अहं त्वा सर्वपापेभ्यो मोक्षयिष्यामि मा शुचः ॥ १८-६६॥

तुम अन्य सब विश्वास छोड़कर केवल मेरी शरण में आ जाओ; मैं तुम्हारे सारे पापों को धो दूँगा और तुम्हें मोक्ष (मुक्ति - जीवन और मृत्यु चक्र से परे) तक ले जाऊँगा।

इदं ते नातपस्काय नाभक्ताय कदाचन ।
न चाशुश्रूषवे वाच्यं न च मां योऽभ्यसूयति ॥ १८-६७॥

तुम्हें इस विषय में कभी भी उस व्यक्ति से चर्चा नहीं करनी चाहिए जो तपस्या से रहित, भक्तिहीन, आध्यात्मिकता में संलग्न नहीं है और मुझसे ईर्ष्या करता है।

य इदं परमं गुह्यं मद्भक्तेष्वभिधास्यति ।
भक्तिं मयि परां कृत्वा मामेवैष्यत्यसंशयः ॥ १८-६८॥

जो व्यक्ति मेरे भक्तों को इस रहस्यमय दिव्यता को समझाता है, वह मेरी दिव्य भक्ति प्राप्त करता है और बिना किसी संदेह के मेरे पास आता है।

न च तस्मान्मनुष्येषु कश्चिन्मे प्रियकृत्तमः ।
भविता न च मे तस्मादन्यः प्रियतरो भुवि ॥ १८-६९॥

इस संसार में न तो मुझे उससे अधिक प्रिय कोई व्यक्ति है और न ही कोई होगा।

अध्येष्यते च य इमं धर्म्यं संवादमावयोः ।
ज्ञानयज्ञेन तेनाहमिष्टः स्यामिति मे मतिः ॥ १८-७०॥

और जो हमारे इस धर्मयुक्त प्रवचन को लाभप्रद रूप से सीखेगा, मैं उस ज्ञान और यज्ञ से प्रसन्न होऊंगा, ऐसी मेरी घोषणा है।

श्रद्धावाननसूयश्च शृणुयादपि यो नरः ।
सोऽपि मुक्तः शुभाँल्लोकान्प्राप्नुयात्पुण्यकर्मणाम् ॥ १८-७१॥

जो मनुष्य इसे श्रद्धापूर्वक और बिना क्रोध किये सुनता है, वह मुक्त हो जाता है और पुण्य कर्मों से पुण्य लोक को जाता है।

कच्चिदेतच्छ्रुतं पार्थ त्वयैकाग्रेण चेतसा ।

कच्चिदज्ञानसम्मोहः प्रनष्टस्ते धनञ्जय ॥ १८-७२॥

अर्जुन (धनंजय), तुमने इसे एकाग्रता और ध्यान से सुना है। शायद तुम्हारा भ्रम दूर हो गया है।

अर्जुन उवाच ।

नष्टो मोहः स्मृतिर्लब्धा त्वत्प्रसादान्मयाच्युत ।

स्थितोऽस्मि गतसन्देहः करिष्ये वचनं तव ॥ १८-७३॥

अर्जुन बोलेः

कृष्ण, आपके आशीर्वाद से मेरा भ्रम दूर हो गया है और पुनः बोध प्राप्त हुआ है। मैं स्थिर हूं, मेरे सभी संदेह दूर हो गए हैं और मैं आपके कथन के अनुसार कार्य (कर्तव्य) करूंगा।

सञ्जय उवाच ।

इत्यहं वासुदेवस्य पार्थस्य च महात्मनः ।

संवादमिममश्रौषमद्भुतं रोमहर्षणम् ॥ १८-७४॥

संजय बोलेः

इस प्रकार, मैंने अर्जुन (पार्थ) को दिया हुआ भगवान कृष्ण (वासुदेव) का यह अद्भुत, प्रेरक प्रवचन सुना है।

व्यासप्रसादाच्छुतवानेतद्गुह्यमहं परम् ।

योगं योगेश्वरात्कृष्णात्साक्षात्कथयतः स्वयम् ॥ १८-७५॥

भगवान कृष्ण की कृपा से मैंने स्वयं भगवान कृष्ण का यह गूढ़ एवं सर्वोच्च संवाद सुना।

राजन्संस्मृत्य संस्मृत्य संवादमिममद्भुतम् ।

केशवार्जुनयोः पुण्यं हृष्यामि च मुहुर्मुहुः ॥ १८-७६॥

हे राजन, भगवान श्रीकृष्ण (केशव) और अर्जुन के इस अद्भुत संवाद को बार-बार याद कर मैं बार-बार आनंदित हो रहा हूं।

तच्च संस्मृत्य संस्मृत्य रूपमत्यद्भुतं हरेः ।

विस्मयो मे महान् राजन्हृष्यामि च पुनः पुनः ॥ १८-७७॥

हे राजन, मैं भगवान कृष्ण (हरि) के सबसे अद्भुत रूप का बार-बार स्मरण कर बार-बार आश्चर्यजनक रूप से आनंदित हो रहा हूं।

यत्र योगेश्वरः कृष्णो यत्र पार्थो धनुर्धरः ।

तत्र श्रीर्विजयो भूतिर्ध्रुवा नीतिर्मतिर्मम ॥ १८-७८॥

जहाँ भी परम धनुर्धर अर्जुन (पार्थ) के साथ योगियों के स्वामी परम कृष्ण हैं, वहाँ भाग्य, विजय, शक्ति और गुण हैं; यह मेरा संकल्प है।

ॐ नमो भगवते वासुदेवाय